두 살에서 다섯 살까지

아이들의 언어 세계와 동화, 동시에 대하여

두 살에서 다섯 살까지

코르네이 추콥스키 지음 | 홍한별 옮김

양철북

| **지은이의 말** |

　행복한 나날이었습니다. 우리 집은 바닷가에 있었는데, 내 방 창밖에 펼쳐진 뜨거운 모래밭 위에 헤아릴 수 없이 많은 어린아이들이 모여들곤 했습니다. 아이들을 살피러 할머니와 보모들도 따라 나왔죠. 2킬로미터도 넘게 뻗어 있는 넓은 모래밭에는 타냐, 나타샤, 보바, 이고르 같은 아이들이 말 그대로 바글거렸습니다. 나는 아침부터 해 질 녘까지 바닷가에서 돌아다니며 아이들과 사귀었고, 아이들도 곧 내가 곁에 있는 것에 익숙해졌습니다. 우리는 함께 모래로 난공불락의 요새를 쌓고 바다로 종이배 함대를 띄워 보냈습니다. 이런 생활이 10년 남짓 계속되었습니다.
　내 둘레에서는 쉴 새 없이 아이들의 노랫가락 같은 말소리가 들렸습니다. 처음에는 아이들 때문에 주의가 흐트러진다고 생각했지만,

시간이 지나면서 아이들이 하는 말은 그 자체로 눈부실 뿐 아니라 교육적으로도 높은 가치가 있다는 것을 깨달을 수 있었습니다. 아이들이 쓰는 말을 연구하면 파악하기 힘들고 예측할 수 없는 아이들의 사고에서 어떤 규칙을 발견할 수 있을 것이라고 생각했습니다.

이 규칙을 발견하고 정확하게 공식화하는 것이 이때부터 나에게 중심 고민거리가 되었습니다. 이 문제를 이 책에서 최선을 다해 풀어내 보고자 합니다. 내가 관찰한 내용에 아동심리학 분야의 전문가들뿐만 아니라 독자 대중도 다가갈 수 있게 한다는 목표와 '보통' 사람들이 모두 이해할 수 있게 쉬운 책으로 만든다는 목표가 없었더라면 작업은 훨씬 쉬웠을 것입니다.

이 책의 첫 장 〈아이들은 모두 언어의 천재이다〉에서는 '두 살에서 다섯 살까지'의 아이들이 모국어를 익혀갈 때 정신 작용이 얼마나 광범위하고, 다양하고, 복잡해지는지 살펴보고 구체적인 예를 들어 증명해 보이고자 합니다. 두 살밖에 안 된 아이라도 아주 뛰어난 재능으로 언어문화의 기본 요소를 받아들이는데, 이것을 보고 감탄한 것을 독자들과 일부분이라도 함께 나눌 수 있다면 내 노력이 헛되지 않았다고 생각할 것입니다.

〈아이들은 언어에 대한 지칠 줄 모르는 탐구자이다〉라는 장에서는 아이들이 세상을 알아갈 때 시기마다 나타나는 특징을 밝히려 합니다. 앞서 이 책은 열두 번째까지 개정판이 나왔는데, 이번 개정판에서는 이 주제를 더 깊이 있고 자세히 다룰 것입니다.

〈아이들과 동시: 아이들은 시를 어떻게 만드나〉라는 장은 첫 번째

장과 깊은 연관이 있습니다. 이 장에서는 아이들이 노래를 만드는 것을 언어 발달의 한 단계로 보고 연구하기 때문입니다. '두 살에서 다섯 살까지'의 아이들 가운데서 시를 좋아하지 않는 아이는 찾아볼 수 없는데도 이 분야에 대한 연구는 아직까지 제대로 이루어지지 않았습니다. 앞서 연구한 것이 없기 때문에 나는 스스로 자료를 모아야 할 뿐만 아니라 평가도 스스로 할 수밖에 없었습니다. 워낙 새로운 작업이라 결함도 많을 줄 압니다. 부족한 점은 어린아이가 시를 짓는 것에 대해 종합적으로 연구가 이루어질 때에야 해결할 수 있을 것입니다.

〈무의미시의 의미〉는 아이들이 부르는 전래동요 가운데서도 아주 기발한 장르에 관한 장입니다. 적절한 단어가 없어서 '뒤죽박죽시(topsy-turvy)'라고 했습니다. 뒤죽박죽시는 그 자체로도 흥미롭지만, 뒤죽박죽시를 연구하면서 나는 현실에서 고의로 벗어난 시가 아이들에게 현실감을 강화시켜 준다는 것을 자세하고 뚜렷하게 증명하고자 했습니다. 운율이 있는 뒤죽박죽시는 동화와 마찬가지로 취학 전 어린아이들의 교육에 큰 몫을 합니다. 이 장은 러시아와 영국에 전해 내려오는 전래동요 연구에 기반을 두고 있습니다.

〈처음 시와 동화를 쓰는 작가들에게〉에서는 동시를 쓰려 하는 젊은 시인들과 내 폭넓은 경험을 나누고자 합니다. 시인들을 대상으로 했지만 심리학자, 교육자, 부모 그리고 아이들에게 관심을 기울이고 아이들을 사랑하는 다른 사람들한테도 아주 쓸모없는 것은 아니기를 바랍니다. 다만, 이 장에서 제시한 법칙이 절대 강제 기준은 아니라는 것을 말씀드립니다.

　이 책에서 인용한 아이들이 쓰는 말과 표현을 전부 내 귀로 들은 것은 아닙니다. 아이들이 말을 연습하는 데 관해 내가 신문에 기고한 글이나 또 다른 곳에 쓴 글을 읽고 독자들이 편지를 수천 통이나 보내 주었습니다. 그들은 아이들이 하는 말을 관찰하여 적어 보내 주었는데 나는 이 편지들이 얼마나 고맙고 소중한지 모릅니다. 그렇지만 이 책에서 인용한 많은 부분은 40년이 넘는 시간 동안 내가 스스로 모은 자료를 한 단어 한 단어 그대로 옮긴 것입니다. 이 표현에는 대부분 '우표'가 붙어 있습니다. 넓은 러시아 땅 방방곡곡에서 온 것이니까요.

　작년에도 나는 독자들에게 자기 아이나 아는 아이들이 쓰는 독특한 말을 적어 보내 달라고 부탁했습니다. 편지가 쏟아져 들어왔습니다. 덕분에 최근 러시아 아이들이 쓰는 언어와 관련된 새로운 사실들을 덧붙일 수 있었습니다. 산처럼 쌓인 편지를 보면 우리 문화 속에 아이들을 위해 헌신하고, 아이들을 소중히 여기고 현명하게 대하는 사랑이 녹아 있고, 널리 퍼져 있다는 것을 알 수 있습니다.

　독자들이 따뜻하게 도와주셔서 진심으로 감사드리며, 아이들의 삶과 언어를 관찰하여 계속 알려 주기를 다시 한 번 부탁드립니다.

　각장 첫머리와 끝머리에 있는 그림은 아이들이 실제로 그린 그림임을 밝혀 둡니다.

| 차례 |

지은이의 말 4

1 아이들은 모두 언어의 천재이다

아이들의 말 11
모방과 창조성 15
어른의 말을 '비평'하는 아이들 25
아이들은 모른다는 것을 인정하기 싫어한다 30
제대로 말하는 법을 가르치기 34

2 아이들은 언어에 대한 지칠 줄 모르는 탐구자이다

아이들은 언어의 규칙을 찾는다 37
왜, 왜, 왜, 끝없는 질문 46
존재의 시작과 끝 57
사회 변화와 아이들이 쓰는 언어 84

3 아이들과 동시

리듬 100
최초의 시 105
시 교육 117
처음으로 시를 짓는 아이들 123
시 교육의 과거와 현재 133

4 무의미시의 의미

편지　*142*
고양이를 탄 티모시카　*144*
아이들과 '뒤죽박죽시'　*148*
뒤죽박죽시의 교육적 가치　*155*
무의미시를 반대하는 사람들　*169*

5 동화를 위한 싸움

《허풍선이 남작의 모험》에 대한 토론 (1929)　*178*
"상어라는 건 세상에 없어요."　*185*
현명해져야 할 때 (1934)　*198*
편협한 비평 방식 (1956)　*202*

6 처음 시와 동화를 쓰는 작가들에게

옛날이야기와 아이들한테서 배운다　*216*
이미지와 움직임　*223*
음악　*227*
각운 – 시의 양식　*229*
아이들은 형용사를 싫어한다　*232*
놀이와 게임을 위한 시　*234*
마지막 '계명'　*235*

바퀴벌레 – 코르네이 추콥스키의 시　*239*

참고 문헌　*252*

일러두기

1. 이 책은 〈От двух до пяти〉라는 제목으로 러시아어로 출간된 책을 미리엄 모튼이 영어로 번역하고 편집한 〈From to Two Five〉(University of California Press, 1968)를 바탕으로 번역한 책입니다.

2. 이 책은 소련의 옛 체제가 무너지기 전에 쓴 것이라 '소련'이라는 나라 이름이 나오고, 지명도 옛날 지명이 그대로 나오는 곳이 있습니다.

3. '두 살에서 다섯 살까지'의 나이는 모두 러시아에서 쓰는 나이를 기준으로 한 것입니다. 따라서 우리나라에서 세는 나이보다 한두 살이 적습니다.

4. 언어 차이 때문에 번역하면서 이 책에 실린 아이들의 노래가 주는 맛을 제대로 살리지 못했습니다. 독자 여러분이 이해해 주시기 바랍니다. 유럽어에서는 각운으로 노래의 리듬을 형성하는 경우가 많고, 이 책에 실린 아이들 노래 가운데 여럿에 각운이 있지만 우리말에서는 각운의 효과가 그다지 크지 않고 번역하는 데도 한계가 있어 생략한 경우가 많습니다. 이에 더해, 리듬을 살리기 위해 노래나 아이들이 한 말의 내용을 약간 바꾼 경우도 있습니다. 어떤 경우에든, 지은이가 이야기하고자 하는 바를 충실히 전달하기에 적당한 우리말을 찾는 걸 목표로 했습니다.

1
아이들은 모두 언어의 천재이다

아이들의 말

리알랴가 두 살 반일 때 낯선 아저씨가 이렇게 물었다.

"너 내 딸 할래?"

리알랴는 오만하게 대답했다.

"난 엄마 딸이고 다른 사람 딸 아니에요."

바닷가에서 걷고 있을 때 리알랴는 태어나서 처음으로 멀리 있는 증기선을 보았다.

"엄마, 엄마, 기차가 목욕해!"

리알랴는 놀라고 흥분해서 소리쳤다.

아이들이 하는 말은 얼마나 매혹적인가! 아이들이 하는 말을 들으면 언제나 즐겁다.

언젠가 나는 세 살짜리 여자아이가 잠결에 하는 말을 듣고 웃은 적이 있다.

"엄마, 내 뒷다리 좀 덮어 줘!"

또 한 아이는 아빠와 전화 통화를 하다가 이렇게 물었다.

"아빠, 왜 오늘은 목소리가 어두컴컴해?"

전화기에서 흘러나오는 아빠 목소리를 들은 것은 그때가 처음이었던 것이다.

대머리 아저씨는 맨발 머리를 가졌다거나, 박하사탕이 입 안에 바람을 불게 한다거나, 여치의 남편은 남치라거나 하는 것을 아이들한테 들어 알게 된 것도 얼마나 즐거운 일인지 모른다.

또 이런 어린애다운 표현을 들으면 빙그레 웃게 된다.

"아빠, 아빠 바지가 삐졌어!"

"할머니! 할머니는 내 사랑이야!"

"어, 엄마. 엄마 다리가 풍선 같아!"

"우리 할머니는 겨울에 거위가 감기에 걸릴까 봐 죽였어."

"엄마, 망아지는 참 불쌍해. 코딱지를 팔 수가 없잖아."

"할머니, 할머니는 죽을 거야?"
"응, 그래."
"그럼 할머니를 땅에다 묻어?"
"맞아, 땅에 묻을 거야."
"땅속 깊이?"
"그렇지."
"그럼, 그때는 할머니 재봉틀 갖고 놀 수 있겠네!"

게오르그는 장난감 삽으로 벌레를 반으로 잘랐다.
"왜 그랬니?"
"벌레가 심심해서. 이제 두 마리 됐어. 그래야 재미있게 놀지."

할아버지가 자기는 아기를 포대기로 쌀 줄 모른다고 말했다.
"그럼 할머니가 애기일 때는 어떻게 포대기로 쌌어?"

"왜 친구랑 싸웠어?"
엄마가 야단쳤다.
"엄마, 싸움이 막 나오는데 그럼 내가 어떻게 해!"

"옛날 옛날에 양치기가 살았습니다. 양치기 이름은 마카르이고 양치기 딸은 마카로나였습니다."
 "찬장에 먹을 거 없어?"
 "빵 한 조각밖에 없어. 근데 그건 약간 늙었어."

 남자아이가 이렇게 말하는 걸 들은 적이 있는데 그건 마치 예술 철학의 한 구절 같았다.
 "나는 노래를 아주 많이 해서 방이 점점 커지고 아름다워져요."

 "크리메아(크림) 반도는 아주 더워요! 난로 위에 앉아 있는 것 같아요."

 "나 좀 봐. 난 온몸이 맨발이야!"

 "아주 아주 일찍 일어나서 아직 늦었을 때 일어나야지."

 "불 끄지 마! 어떻게 자는지가 안 보인단 말야."

 아이가 꽃을 그리고 있다. 꽃 둘레에 아이는 점을 수십 개 찍는다.
 "이건 뭐야? 파리?"
 "아니! 꽃향기잖아."

 세 살배기 타냐는 아빠 이마에 생긴 주름살을 보고 작은 손가락으로 가리키며 말했다.

"아빠가 구겨진 거 싫어!"

세 살짜리 나타가 말했다.
"엄마, 자장가스런 노래해 줘."

모방과 창조성

두 살이나 세 살 난 아이들은 언어에 대한 감수성이 무척이나 강하고 어형을 변화시키고 활용하는 데 민감해서, 아이들이 창의적으로 만들어 내는 말이라고 하더라도 괴상하거나 비정상으로 보이지 않고 오히려 아주 알맞고 아름답고 자연스럽게 보인다.

때때로 아이들이 만들어 낸 단어가 그 아이나 주변 어른들도 모르는 지방 언어권에서 이미 쓰고 있는 단어일 때도 있다. 예를 들어, 크림 반도에 사는 세 살짜리 아이가 '총알질하다[пулять]'라는 단어를 자연스럽게 사용한다는 이야기를 들었다. 아이는 조그만 장난감 총으로 하루 종일 '총알질하고' 놀면서도, 이 단어가 크림 반도에서 멀리 떨어진 돈 지방에서 몇 세기 동안 쓰던 단어라는 것은 전혀 모르고 있었다. L. 판틸레예프가 쓴 《렌카 판틸레예프》라는 이야기에서 야로슬라블에 사는 한 여인은 이런 말을 되풀이한다. "그리고 그들은 총알질하고 또 총알질했어요!"

정확한 나이를 알 수 없는 또 다른 아이는 '신발류[одетки]', '옷류[обутки]'라는 말을 만들어 냈다. 이 아이는 흑해에서 멀지 않은 오데사 근처 초원 지대에 산다. 아이가 그곳에서 북쪽으로 멀리 떨어진 올레네츠 지역에서 과거 몇 세기 동안 이 단어를 썼다는 사실을 알 턱이 없다. P. N. 리브니코프(유명한 민속학자)가 쓴 민족학 문헌을 읽지 않았다면 어떻게 그 사실을 알겠는가? 리브니코프가 채록한 민화에는 이런 표현이 나온다. "나는 약속한 대로 음식, 신발류, 옷류[obutki i odetki]를 받았다." 아이는 어른들이 쓰는 신발과 옷이라는 단어를 이용해서 민화에서 나오는 표현과 똑같은 '신발류, 옷류'라는 단어를 만들어 낸 것이다.

"이런 메뚜기 같으니라고!"
엄마가 까불거리는 세 살짜리 아이에게 말했다.
"난 메뚜기 아냐! 난 한 '인류[люды]'야!"
엄마는 이 'людь'라는 단어를 듣고 어리둥절했지만, 얼마 뒤에 우연하게 수천 킬로미터 떨어진 우랄 지방에서는 오래전부터 한 사람을 가리킬 때도 людь라는 단어를 써 왔다는 것을 알게 되었다. 실제로 그 지방에서는 아직도 이런 말을 한다. "그는 어떤 종류의 людь야?"

이렇게 수세기에 걸쳐 형성된 단어 구조에 어린아이가 한 순간에 자연스럽게 다다르는 경우가 있다. 마치 기적처럼 아이는 오래전에 살았던 조상들이 언어를 만들어 낼 때 사용한 언어 구성 방식과 과정

그리고 특성을 익히는 것이다.

아이가 만들어 낸 단어는 다른 어디에서도 찾아볼 수 없는 아주 독창적인 단어일 때도 무척이나 그럴 듯하게 들린다. 그런 단어가 정말 있을 법하고, 그런 단어가 없다는 것은 단순한 우연으로 보인다. 오래전에 알던 사람처럼, 언젠가 어디에선가 들어 본 단어처럼 들리는 것이다.

남자아이한테서 '큰 말'이 자기를 '발굽질했다'고 하는 말을 듣고 나는 딸아이하고 이야기할 때 이 단어를 바로 써 보았다. 딸아이는 단번에 말뜻을 알아들었을 뿐 아니라 그런 단어가 없다는 사실을 전혀 의심하지 않았다. 너무나 자연스럽게 들렸기 때문이다. 생각하기에 따라 이런 단어는 아주 자연스런 단어로 볼 수 있다. 관습적으로 쓰는 말보다 더 자연스런 경우도 있다. 왜 우리는 어린아이한테 이야기할 때는 다 큰 말을 '망아지'라고 부르는가? 꼬마가 보기에 말은 엄청나게 큰 동물일 것이다. 그런데 이렇게 큰 동물을 부를 때 아이가 지소사*를 사용하겠는가? 지소사를 써서 부르는 게 적당하지 않다고 느끼고 아이는 '망아지'라는 단어를 '큰 말'로 바꾸어 말이 크다는 점을 강조한 것이다.

나는 아이들이 다른 단어도 비슷한 방식으로 바꿔 말하는 것을 들은 적이 있는데 그럴 때는 특히 큰 물건이나 동물을 가리키는 특수한 단어를 사용했다. 이런 경우에 아이들은 시인 마야콥스키가 '강아

---

* 지소사: 어떤 말에 덧붙어 그 말의 뜻이 작거나 어리거나 귀여움을 나타내게 하는 접사. 송아지·망아지에서 '-아지', 꼬랑이·가장이에서 '-앙이' 따위.(옮긴이 주)

지'라는 단어를 '큰 강아지'로 바꾸었을 때와 똑같이 한 것이다.

불쌍한 큰 강아지, 그놈이
젖 먹던 힘까지 다해 짖었다.

단어를 이렇게 바꾸면서도 아이는 자기가 단어를 만들어 냈다는 것은 모르고, 전에 들었던 단어를 반복하는 것이라고 생각한다.
이렇게 아이들이 무의식중에 단어를 창조한다는 사실에 처음으로 주의를 기울이고 감탄한 때는 어느 날 기차에서 만난 네 살짜리 아이가 내가 들고 있는 물건을 만지게 해 달라고 계속 조를 때였다. 아이는 그 물건을 가리키는 단어를 그 순간 바로 만들어 냈는데, 그러면서 러시아어에서 사물의 도구성을 암시하는 접미사 'л'를 응용하는 비범한 솜씨를 보였다. 예를 들어, '씻다'라는 뜻이 있는 мыть라는 단어에 접미사를 붙여 мыло로 만들면 '비누'라는 뜻이 된다. мыло라는 단어에서 'л'이 도구를 나타내는 접미사인 것이다. 이렇게 접미사를 구분하고, 분류하고, 사용하는 과정이 특히 인상 깊었던 것은 아직 어린 그 아이는 자기가 창의적으로 언어를 사용하고 있다는 사실을 전혀 깨닫지 못하고 있었기 때문이다.
취학 전 아이들이 문법을 쓸 때도 같은 재주가 나타난다. 문법 규칙에 대한 개념이 전혀 없는 아이가 낯선 단어를 쓸 때도 단어의 격, 동사의 시제, 화법 따위를 아주 정확하게 활용하는 것이다. 이렇게 직관으로 언어를 사용하는 것이야 말로 초기 아동기에서 나타나는 가장 놀라운 현상 가운데 하나라 할 것이다.

아이들이 언어를 창의적으로 익혀갈 때는 실수조차도 언어 지식의 조각을 조화시키는 능력을 드러내는 증거라 할 수 있다. 예를 들어, 아이가 우편배달부를 '편지꾼'이라고 할 때 왜 그렇게 말했냐고 물으면 아이는 대답하지 못할 수 있다. 그러나 아이가 이렇게 단어를 구성한다는 것은 어떤 일을 직업적으로 하는 사람을 나타낼 때 접미사 '꾼'을 붙여 쓴다는 사실을 알고 있다는 증거가 된다. 어른들은 '편지꾼'이라는 말을 들으면 웃을 테지만, 모든 단어가 한 가지 원칙에 따라 구성되지 않는 게 그 아이의 잘못은 아니다. 만약 모든 단어가 한 가지 원칙에 따라 엄격하게 만들어진다면 아이들이 하는 말이 그렇게 재미나게 들리지도 않을 것이다. 아이들이 하는 말이 문법보다도 더 '정확'하고 더 '나은' 때가 많다.

물론 언어를 배우기 위해 아이들은 어른을 모방한다. 아이들이 어떤 방식으로든 말을 만들어 어휘력을 늘리고 있다고 주장하는 것은 말이 되지 않는다. 아이들은 전혀 의심하지 않고 '유추'라는 방법으로 여러 세대에 걸쳐 발달한 언어 유산에 동화하려고 온갖 노력을 기울이고 있는 것이다. 아이들은 언어를 유추하는 데 뛰어나고 의미와 언어를 구성하는 요소에 무척 민감하기 때문에 아이들이 열심히 애를 쓰면서 말을 할 때마다 이해력, 인식력, 기억력 같은 능력이 드러나고 우리는 여기에 감탄하게 된다.

아이들은 문법 형태의 작은 변화도 감지하고, 단어를 만들어 낼(혹은 기억 속에서 재창조할) 필요가 있을 때 자기 모국어의 신비스러운 법칙에 따라 필요한 의미나 뉘앙스나 그림에 필요한 정확한 접사나 문법 변화를 적용한다.

두 살짜리 여자아이는 목욕하면서 인형을 물속에 담갔다가 또 물 밖으로 끄집어내며 이렇게 말한다.

"여기, 물속에 빠졌다 — 물 밖에 빠졌다!"

누구라도 이 말에서 세련된 유연함과 엄밀한 뜻을 쉽게 파악할 수 있을 것이다. '물속에 빠졌다'는 '물에 빠졌다'와 다른 말이다. 그것은 인형이 한때 물에 빠진 것이고 곧 다시 '물 밖에 빠질' 것이라는 기대를 뚜렷하게 내포하고 있는 것이다.

내가 보기에 두 살 무렵부터 모든 아이들은 잠시 동안 언어의 천재가 되는 것 같다. 그러다가 대여섯 살쯤 되면 이 재능이 사라지기 시작한다. 여덟 살짜리 아이들에게서는 이렇게 언어적 창의성이 드러나는 흔적을 찾아볼 수 없다. 더 이상 필요하지 않기 때문이다. 여덟 살이면 아이들은 모국어의 기본 원칙을 이미 완전히 익힌 상태다. 아이가 단어를 만들어 내고 구성하는 능력을 잃지만 않는다면 열 살만 되어도 어떤 어른도 따라가지 못할 만큼 탁월하고 유연하게 언어를 구사하는 능력을 갖출 수 있을 것이다. 그래서 레프 톨스토이가 어른들을 위해 쓴 글에서 이렇게 말하고 있는 것이다. "…… (아이는) 여러분 중 누구보다도 단어를 형성하는 법칙을 잘 알고 있습니다. 아이들처럼 새로운 단어를 잘 만들어 내는 사람은 없으니까요."[1]

아이들의 창의성이나 언어적 민감성, 천재성 운운하는 말은 감상적으로 과장된 것이 결코 아니다. 그렇지만 '두 살에서 다섯 살까지'의 아이들이 언어를 쓸 때 나타나는 재능은 모방에서 비롯된다는 것을 잊어서는 안 된다. 아이들이 만들어 내는 새로운 단어는 전부 어

자칼리아카 한 여자아이가 이 그림을 그리고 '자칼리아카'라는 말을 만들어 그림에 이름을 붙였다(자칼리아카는 '낙서'를 뜻하는 러시아어에서 파생된 단어다). 이 그림을 그린 '화가'는 자기가 그려 놓고도 이 그림을 무서워했는데 추콥스키는 이 이야기를 동시로 썼다.

른이 하는 말을 듣고 알게 된 규칙에 따라 창조해 낸 것이기 때문이다. 그러나 아이들은 무심한 관찰자처럼 어른이 하는 말을 단순히 (그리고 고분고분히) 따라하지는 않는다. 이 장에 속해 있는 〈어른의 말을 '비평'하는 아이들〉이라는 부분에서는 아이들이 말을 흡수할 때 어리게는 두 살부터 언어를 비판적으로 평가, 분석하고 조정하기 시작한다는 여러 증거를 볼 수 있을 것이다.

아이들은 다른 사람과 의사소통을 해야만 언어와 사고의 습관을 익힐 수 있다. 다른 사람과 만나면서 비로소 인간은 말하고 생각하는 존재가 되는 것이다. 그러나 다른 사람과 의사소통을 하면서 짧은 기간 동안이라도 말의 재료에 대해 특별하게 민감하지 않다면 아이들은 죽을 때까지 언어의 영역에서 이방인으로 남아 있을 수밖에 없다. 교과서에 나오는 단조로운 규칙을 기계처럼 따라 반복하는 것밖에는 할 수 없는 것이다.

오래전에 나는 다양한 이유로(대개는 부유하고 천박한 부모의 속물적 욕심 때문에) 아주 어릴 때부터 외국어(대개는 프랑스어)의 어휘와 구조에 노출된 아이들을 만날 기회가 있었다. 이 아이들은 모국어를 익힐 기회가 충분하지 않아서 모국어도 외국어도 완전히 익히지 못했다. 모국어를 말할 때나 외국어를 말할 때나 이 아이들이 하는 말에는 특징도, 생기도, 활기도 없었다. '두 살에서 다섯 살까지'의 시기에 입말에 익숙해질 기회를 갖지 못했기 때문이다.

아이들이 새로 말을 만들어 내는 것은 대부분 처음 말을 배우기 시작할 무렵에 문법 규칙의 이런저런 예외에 정통하지 못하다는 증거이다. 아이가 '발명'한 단어나 표현은 아주 독창적인 것처럼 보일지라도 실제로는 어떤 문법 규칙에서 예외가 있는 것을 모르고 그 규칙을 바로 적용했기 때문에 만들어진 단어일 때가 있다. 그렇다고 할지라도 취학 전 어린아이들이 언어를 쓰는 재능은 정말 대단한 것이다.

단어의 어미 · 접두사 · 접미사 따위를 구별해 내는 능력은 두 살 때 무의식적으로 머릿속에서 완성되는데 여기에서도 아이의 재능을 볼 수 있지만, 새 단어를 만들 때 단어의 요소를 선택하고 알맞는 본보기를 모방해서 쓰는 직관력에서도 볼 수 있다. 이런 점에서 모방 자체가 창의적인 활동인 것이다.

어린아이들의 조그만 머릿속에 문법 형태가 얼마나 많이 쏟아져 들어가는지 생각하면 무섭기조차 하다. 그런데 아이들은 아무렇지도 않은 듯 이 어지러운 상황에 적응하고, 귀로 들어오는 단어에서 무질서한 요소를 종류별로 분류한다. 그게 얼마나 엄청난 일인지는 전혀 의식하지 못한 채 말이다. 어른한테 그렇게 짧은 기간에 그만큼 많은 문법 규칙을 익히라고 하면 아마 머리가 터져 버릴 것이다. 그런데 두 살배기 '언어학자'는 그 많은 규칙을 가볍게, 아무렇지도 않게 익힌다. 이 나이대에 아이들은 놀랄 만큼 정신노동을 많이 한다. 게다가 너무나 쉽게 그 일을 해낸다는 사실이 더 놀랍다.

사실 어린아이들은 지구상에서 가장 정신노동을 많이 하는 사람들이다. 다행스럽게도 아이들은 그런 사실을 전혀 모르고 있다.

앞에서 말했듯이 아이들이 여덟 살이 되면 언어에 대한 민감성은 많이 둔해진다. 그렇다고 하더라도 아이들의 언어 발달은 멈추지 않고 지속된다. 새로운 단어 구조를 만들어 내는 재능은 잃어버리지만 그것을 수백 배로 보상해 주는 또 다른 언어 발달 능력이 생기기 때문이다. 아이들의 언어 발달이 새로운 궤도에 접어드는 것이다. 아이는 앞선 시기에 익힌 것을 바탕으로 이제 한층 복잡하고 다양하게 의사소통을 하게 된다.

A. N. 그보스데프는 이렇게 말했다. "아이들은 이 나이에 복잡한 문법 체계를 어느 수준까지 이미 터득하고 있다. 특수한 예외를 정확히 구사하는 법뿐 아니라 러시아어의 난해한 구문, 형태론적 연결 같은 가장 복잡한 부분까지 터득하여 러시아어를 완전히 자기 것으로 만든다."[2]

초등학교에 갓 들어간 아이들의 지적 활동에 관심을 충분히 기울이고 관찰하기만 하면 누구나 확실히 알 수 있는 사실이다. 그러나 '두 살에서 다섯 살까지'의 나이에 이보다 훨씬 빠른 속도로 모국어를 배워 간다는 사실은 논박할 수 없다.

아이들이 아는 단어는 첫돌 무렵에 열 개가 채 안 되다가, 두 돌이 될 무렵에는 250개에서 300개까지 늘어나며, 세 돌이 되면 수천 개에 달한다는 것은 이미 오래전부터 알려진 사실이다. 다시 말하면, 일 년 밖에 안 되는 짧은 기간에 아이는 기본이 되는 언어 '창고'를 만들어 내는 것이다. 그 뒤에는 어휘를 축적하는 속도가 아주 느려진다.[3] 같은 시기에 문법 형태를 깨칠 때도 마찬가지다. 나는 이런 문법 양식(어형 변화, 활용, 접두사와 접미사의 사용 따위)의 목록을 만들어 본 적이 있는데, 내가 적은 것만 해도 일흔 개가 넘는다. 어린아이들의 머릿속에 형성되어 평생 계속되는 이러한 '통칙' 가운데 대부분은 언어 재능이 특히 빛을 발하는 세 살에서 네 살 사이에 익히게 된다.

어른의 말을 '비평' 하는 아이들

안타깝게도, 아이들은 판별력도 분석력도 하나 없이 어른이 하는 말을 그대로 따라하는 자동인형에 지나지 않는다는 주장을 굽히지 않는 '이론가'들이 아직도 있다. 이런 개념을 독선적으로 선언하는 학술 논문도 있다. '선언'할 수밖에 없는 것은 증명해서 밝힐 수 없기 때문이다. 아이들이 말하는 것을 주의 깊게 들어 보기만 해도 아이들은 모방하면서 검토하고 분석한다는 것을 알 수 있을 텐데 말이다. 아이들은 어른들이 어떤 단어나 표현을 사용하는 방식을 비난하듯이 엄격하게 따지는 질문을 끝없이 던져 엄마를 귀찮게 한다.

"왜 펜나이프(연필 깎는 칼, 주머니칼)라고 해? 펜슬나이프라고 해야지."

남자아이가 이의를 제기했다.

할머니가 겨울이 곧 올 거라고 말하자 손자가 웃으며 물었다.

"겨울에 발이 달렸단 말야?"

네 살짜리 합리주의자의 논리는 가차없다. 어떤 예외도 받아들이지 않는다. 조금만 느슨하게 단어를 사용해도 알맞지 않다고 판단한다. 예를 들어 이런 말을 할 때가 있다.

"음악회 가고 싶어 죽겠어!"

"그럼 왜 안 죽어?"

아이는 비아냥거리듯 물을 것이다.

상점 판매원으로 일하는 여자가 직장에서 돌아와 말했다.

"우리 가게가 어떻게 돌아가는지 악마밖에 모를 거야."

"왜, 무슨 일이 있었는데?"

남편이 물었다.

그러자 다섯 살짜리 아들이 바로 반박하며 훈계하듯 이렇게 말했다.

"엄마가 방금 악마밖에 모른다고 했잖아. 엄마가 악마야? 엄마가 어떻게 알아!"

어른들은 비유와 은유로 생각하지만 아이들은 사물로 구성된 세계 속에서 파악한 사물에 따라 생각한다. 어린아이들은 사물의 이미지에 맞추어 생각하기 때문에 상징으로 표현하면 강하게 반발하는 것이다.

또 다른 예를 들어 보자. 엄마가 네 살짜리 딸 나타샤에게 물었다.

"어떤 사람이 다른 사람을 물 한 숟가락에 빠뜨리려고 한다는 게 무슨 뜻인지 아니?" (러시아어의 관용적 표현이다)

"뭐라고? 무슨 숟가락에? 다시 말해 봐."

엄마가 그 관용구를 반복했다.

"그건 안 돼!"

나타샤는 딱 잘라 말했다.

"그럴 수 없어!"

그러고는 바로 그런 행동은 할 수 없다는 것을 보여 주었다. 나타샤는 숟가락을 하나 집어 바닥에 내려놓았다.

"이거 봐."

나타샤는 숟가락 위에 올라갔다.

"날 물에 빠뜨려 봐. 숟가락에는 사람이 못 들어가. 사람 몸이 전부 숟가락 밖으로 나온다고. 엄마도 한번 봐 봐. 발이 숟가락보다 훨씬 크잖아!"

그리고 나타샤는 어른들의 얼토당토않은 어리석은 생각을 경멸하듯이 이렇게 말했다.

"이제 그 얘기 그만 해. 말도 안 돼."

유머 감각이 있는 아이들은 어른들이 쓰는 숙어를 이해 못하는 척하면서 어른들이 아이들에게 가르친 규칙을 더 엄격히 준수하도록 '가르치려'고도 한다. 아이 앞에서 머리가 깨진다고 불평하면 아이가 이렇게 말할지 모른다.

"깨지는 소리 안 들리는데?"

이렇게 아이는 어른들이 분명한 사실과 다르게 은유적으로 자기 생각을 표현하면 부정하는 태도를 보이는 것이다.

엄마와 딸아이가 한참 떨어져 지내다가 만났다.

"아가, 그동안 삐쩍 말랐구나. 조그만 코 하나밖에 남질 않았네."

"엄마, 전에는 내 코가 하나가 아니었어?"

누가 '정신을 잃었다'는 말을 듣고 아이는 눈을 끔벅거리며 물었다.

"그럼 정신을 어떻게 찾았어?"
아버지가 마뉴샤에게 말했다.
"이런, 내 방에서 스케이트 타고 나가! 아빠 일해야 해."('스케이트 타고 나간다'는 말은 러시아에서 '꺼져!'라는 말을 공손하게 할 때 쓰는 표현이다)
"스케이트 타고 안 나갈 거야. 난 롤러스케이트 없어."

언제나 장난기에서 어른들이 하는 말에 반론을 제기하는 것은 아니다. 내가 아는 네 살배기 아이는 어른들이 손가락 과자라는 말을 할 때마다 화를 낸다.
"손가락으로 만든 거 아냐! 밀가루로 만든 거란 말야!"
이렇게 비판하는 것은 대부분 어른들이 쓰는 말 때문에 아이가 혼란스러워지기 때문이다. 우리 어른들이 아이들한테는 단어마다 의미를 파악하도록 가르쳐 놓고 '말이 안 되는' 관용적 표현을 쓰면 아이는 받아들일 수가 없는 것이다. 아이들은 단순한 관용구나 은유적 표현도 쉽게 이해하지 못한다.
"난 회사에 절대 안 갈 거야."
다섯 살 난 세료자가 선언했다.
"회사에서는 사람을 자른단 말야."(해고한다는 말을 실제로 자른다는 뜻으로 받아들였다)
손님이 아기 동생에 대해 물었다.
"네 동생 이리시카는 닭이랑 같이 자니?"(새벽에 잠이 든다는 뜻)

"아뇨, 닭이랑 같이 자지 않아요. 닭은 할퀸단 말예요! 동생은 요람에서 자요."

어떤 때에는 비유하여 표현하는 것을 아이가 이해하지 못해 어른들이 당황하는 때도 있다.

네 살짜리 올랴는 어머니와 함께 모스크바에 사는 숙모 집에 들렀다. 올랴는 차를 마시는 동안 숙모와 삼촌을 찬찬히 보더니 실망하는 빛을 띠고 이렇게 말했다.

"엄마! 삼촌은 늘 숙모 목에 앉는다고 했잖아! (꽁무니를 따라다닌다는 뜻) 근데 우리가 오고 나서 죽 의자에 앉아 있었어."

미안하지만 아이 어머니가 뭐라고 대답했는지 여기 밝히기 곤란하다.

이 이야기를 하다 보니 미국에서 있었던 어떤 일화가 떠오른다.

"베티, 왜 화이트 씨한테는 수저를 드리지 않니?"

"필요 없으실 것 같아서요. 아빠가 화이트 씨는 말처럼 먹는다고 했어요." (많이 먹는다는 뜻)

한 엄마는 화가 나서 아들에게 이렇게 말했다.

"그러다 언젠가는 네 머리를 잃어버릴 거야!" (제정신을 잃는다는 뜻)

"난 머리 안 잃어버릴 거야."

아이는 안심시키듯 말했다.

"찾아서 주우면 돼."

단어의 의미와 용법에 비판적 태도를 보이는 것은 어떤 아이가 특별히 언어 감각이 뛰어나서 그런 것이 아니라 거의 모든 아이들에게 나타나는 현상이다. 그리고 어느 시대, 어느 지역에 사는 아이들한테서도 비판하고 이의를 제기하는 모습이 나타나고, 언어를 익히고 단어를 만들어 내는 재능이 드러난다.

아이들은 모른다는 것을 인정하기 싫어한다

레프 톨스토이가 자신의 어린 시절에 대해 쓴 유려한 문장을 기억하는 사람이 많으리라고 본다.

"지금 나를 지탱하고 있는 것은 전부 그때 얻은 것이 아닌가? 그리고 그 시기에 너무나 많은 것을 빨리 익혀서 그 뒤의 삶에서 얻은 것은 그 백분의 일도 되지 않는다. 지금 나와 다섯 살 때 나 사이의 거리는 한 걸음밖에 되지 않는다. 그러나 내가 갓난아기 때부터 다섯 살 때까지의 거리는 그야말로 엄청나다."[4]

어린 시절에 익히는 것 가운데서도 가장 가치 있는 것은 단어와 문법이라는 보물이다. 이것을 체계적으로, 편리하게, 빨리 익히기 위해 얼마나 노력을 많이 해야 하는지 아이들은 전혀 알아차리지 못한다. 그렇지만 아이들은 흠잡을 데 없이 정확하게 언어를 사용하면서 아주 많이 기뻐하고 크나큰 야망을 품게 된다. 이 고귀한 야망은 지적 성취를 이루려는 뜨거운 충동에서 나오는데 모든 아이들에게 공통으로 나타나는 특징이다. 그러나 이 주장을 뒷받침할 만한 근거를 충분히 마련하지 못해 안타깝다. 그렇지만 내가 수집한 부분적인 증거만 보더라도 이러한 감정이 '두 살에서 다섯 살까지'의 아이들에게 흔히 나타나는 것임을 확인할 수 있다.

  내가 처음으로 이런 상황에 맞닥뜨린 때는 두 살 반 된 유리크가 어느 날 말이 헛나와서 '나샤'라고 말할 것을 '다샤'라고 말했을 때다. 틀린 데를 고쳐 주자 유리크는 태연하게 이렇게 말했다.

"보랴는 '다샤'라고 했지만 유리크는 '나샤'라고 했어."

유리크가 아는 사람 중에는 보랴라는 사람이 없었다. 유리크는 자신이 실수하고 잘못한 것을 전부 떠넘기려고 보랴를 만들어 낸 것이다. 그리고 자기는 아무런 결함 없이 말하는 것으로 만든다.

"보랴가 '주정자'라고 말했어. 유리크는 늘 '주전자'라고 말해."

영리한 꼬마는 보랴라는 희생양을 만들어 냄으로써 마음의 평화를 유지할 수 있는 것이다. 상상의 인물 보랴 덕에 유리크는 어떤 상황에서도 러시아 입말에 대한 절대적인 권위자로 남을 수 있으며 게다가 싸움에서 진 '경쟁자'를 조롱하는 만족감까지 누릴 수 있다. 이런 책략으로 두 살 반짜리 아이는 자신의 예민한 자아를 보호한다. 이 아이는 자신이 실수한 것을 아주 부끄럽게 생각하기 때문에 실수를 떠넘길 또 다른 자아를 만들어 낼 수밖에 없는 것이다.

  이 점에 대해 자세히 살펴보면 볼수록 점점 더 유리크가 특이한 경우가 아니라는 확신이 든다. 프랑스 소설가 조르주 뒤하멜은 이와 비슷한, 파리에 사는 세 살짜리 아이 이야기를 들려준다.

"장난꾸러기인데다가 깜찍스럽게 맹랑한 아이였다. 그 아이는 어른들이 하는 말로 실험해 본 다음에 실수하면 책임을 회피하기 위해 상상 속의 동생에게 잘못을 떠넘겼다."

유리크가 한 행동하고 똑같다.

어느 어머니는 비슷한 수법을 사용하는 세 살 난 클라라 이야기를 편지로 전해 주었다.

"클라라는 실수로 가위를 '과이'라고 했어요. 다들 웃었죠. 그러자 클라라는 자기도 따라 웃더니 말했어요. '리알랴는 정말 웃겨. 다들 "가위"라고 하는데 리알랴는 "과이"라고 하잖아.' 리알랴는 클라라의 동생이에요."

언어적 '자아 충족'은 아이들의 정신이 발달하는 데 중요한 몫을 한다. 이는 아이들이 언어를 익힐 때 무척 쓸모 있는 도구이다. 실수를 상상 속의 얼뜨기 친구에게 떠넘기면서 아이들은 다시는 똑같은 실수를 하지 않도록 단어를 확실히 익힌다. 이렇게 해서 단어가 머릿속에 정확하게 새겨진다. 세상에서 가장 탐구심이 왕성한 '두 살에서 다섯 살까지'의 아이들은 그 무엇보다도 지식을 소중히 여긴다.

모르는 것이나 발음을 잘 못하는 것을 위장하기 위해 이렇게 천진난만한 속임수를 쓰는 예는 동시에서도 찾아볼 수 있다. 아그냐 바르토가 쓴 시 한 편에는 'r' 발음을 하지 못해 마리나(Marina)라는 이름을 자꾸 말리나(Malina, 산딸기)라고 소리 내는 남자아이가 나온다. 아이 엄마는 발음을 가르치려고 한다.

엄마는 말한다.
"'메트로(지하철)' 해 봐! 메트로 타고 삼촌 집에 가자."

"싫어."
아이가 영리하게도 말한다.
"오늘은 버스 타고 가자."

이모와 길을 걷다가 두 살짜리 아이가 책 판매대 앞에 섰다. 상인이 물었다.
"책 읽을 줄 아니?"
"네."
상인은 아이에게 책을 한 권 주며 읽어 보라고 했다. 아이는 이모 흉내를 내며 주머니를 뒤지는 척하더니 말했다.
"안경을 집에 놓고 왔어요."
이런 술수를 부리는 것은 자신이 무능력하다고 생각하면 너무나 스트레스를 많이 받기 때문이다.

아이들은 자기가 유능하고 박식하다고 생각하고 싶어 한다. 그렇기 때문에 어느 기간 동안 아이들은 이렇게 자기를 속여야 한다. 아주 많이 수줍어하고 겸손한 사람도 어린 시절에는 다들 자랑쟁이고 허풍선이였다.

이 시기에는 대개 자기과시 본능이 아주 강하다. 특히 재주와 지식 분야에서 자기과시가 두드러진다. 어른이 말을 하다가 아주 조금 말실수라도 하면 그것을 꼬투리 잡아 신이 나서 떠벌리는 것도 같은 까닭에서 나오는 행동일 것이다.

제대로 말하는 법을 가르치기

아이들이 언어를 익히는 방식이 아주 신기하고 재미나긴 하지만 어른으로서 아이들이 바르게 말하는 법을 가르칠 의무가 있다는 사실을 잊어서는 안 된다. 아이들이 창의적으로 단어를 응용하고 새로 만들어 내는 것이 감탄스럽기는 하지만 아이들이 이런 말들을 쓰도록 부추기는 것이 옳은 일일까? 아이들에게 바른 말을 가르칠 의무를 잊어버리거나, 나름대로 만들어 낸 단어를 쓰도록 부추기는 것은 잘못된 일이다. 아이들이 독창적으로 언어를 만들어 쓰는 것을 즐길 권리는 누구에게나 있지만 아이들이 만들어 낸 단어를 아이 앞에서 칭찬한다거나, 창의적이라는 이유로 그 단어를 어휘 목록에 간직하도록 만든다면 교육에서 가장 기본이 되는 원칙을 위배하는 일이 될 것이다. 아이들이 단어를 창작할 때 아무리 신기하고 감탄스럽더라도 반드시 이렇게 고쳐 줘야 한다.

"그게 아니고, 이렇게 말하는 거야."

말하기 교육의 많은 부분은 유치원에서 담당한다. 그동안 교육학회나 소련 교육부에서 발표한 논문을 보면 언어 교육 방법에 대해 자세히 알 수 있다.[5]

언어 교육에서 중심이 되는 목표는 아이들이 어른이 말하는 것과 최대한 비슷하게 말하도록 가르치는 것이다. 부모들이 아이를 너무 사랑한 나머지 아이가 만들어 낸 기발한 어휘를 즐기며, 자신들의 기쁨을 위해 이 단어를 계속 사용하도록 만들면 아이의 언어 발달을 가로막게 될 것이다. 부모나 할아버지 할머니들이 사랑스런 아이의 귀여운 말씨에 푹 빠진 나머지 아이한테 어른들을 존경하는 마음이 전혀 보이지 않을 때조차 아무런 신경을 쓰지 않는 경우가 있다.

다섯 살 난 이라는 무슨 이유에서인지 할아버지를 비난하기 시작했다.

"할아버지 머릿속에는 뭐가 들어 있어? 지푸라기? 할아버지 머리는 '결심하지'가 않아."

할아버지는 손녀를 야단치는 대신 아이가 만들어 낸 단어를 아이 앞에서 큰 소리로 칭찬했다. 그럼으로써 할아버지는 자기 머리에 실제로 이라가 말하는 특징이 있다는 걸 증명한 셈이다.

'두 살에서 다섯 살까지' 아이들 앞에서, 아이들이 맛깔스런 단어를 만들어 낼 때 드러내 놓고 기뻐하면 결국 아이들의 자만심과 자기만족감을 강화시켜 주는 셈이 된다. 그렇다고 어른에게 아이들이 단어를 만들어 내는 과정을 독재자처럼 막을 권리가 있다는 말은 아니다. 아이들이 실수하는 것을 바로잡아 주면서도, 모국어를 능숙하게 쓸 수 있을 때까지 겪어 나가는 자연스런 과정을 가로막아서는 안 된다.

또한 우리에게는 아이들이 입말에 대한 지식을 익히도록 도우면서 점점 더 많은 새 단어를 알려 줘 어휘력이 풍부해지도록 해 줘야 할 임무도 있다는 것을 잊지 말아야겠다. 아이들의 정신 발달은 어휘 성장과 밀접하게 연관되어 있으므로 이 임무는 무척이나 중요하다. 이런 뜻에서 아이들이 말을 잘하도록 가르치는 것은 아이들이 생각을 잘하도록 가르친다는 뜻도 된다. 이 두 가지는 떼어 놓고 생각할 수 없는 것이다.

소련의 유치원에서는 아이들에게 이야기하는 법을 가르친다. 논리를 갖추어 말하는 법을 가르치는 데 특별한 주의를 기울인다. 아주 좋은 교육 방법이지만 교사가 교육에 대한 감각을 갖추고 있지 않으면 안 된다. 교사가 지나치게 엄격해서 계속 말을 고쳐 준다면 아이들이 감정과 생각을 자유롭게 표현할 기회를 억누르게 되며 정서적, 정신적으로 탐구할 수 있는 여지를 박탈하게 된다. 그러다 보면 아이들이 쓰는 말은 특색이 사라지고 생기 없고 무미건조해지며 어린애다운 특징이 영원히 손상될 위험이 있다. 엄격한 방법은 바람직하지 않고, 열정이 지나치면 오히려 해가 될 수 있다. 교사가 에둘러, 조심스럽게, 너무 고집스럽지 않게, 거의 눈에 띄지 않게 개입할 때 좋은 결과가 나올 수 있을 것이다.

정확한 언어를 어느 정도 익히고 나면 아이들은 주변 세계에 적응하기 위해 유연하고 감수성이 풍부한 정신으로 힘겨운 정신노동을 아주 많이 해야 한다.

다음 장에서 이것에 대해 이야기해 보자.

2
아이들은 언어에 대한 지칠 줄 모르는 탐구자이다

아이들은 언어의 규칙을 찾는다

우리는 이치에 맞지 않는 소리를 하는 사람을 보면 비웃거나 화를 내면서 이렇게 말할 때가 종종 있다.

"어린애 같은 소리하고 있네! 그건 어린아이의 논리라구!"

많은 사람들이 이런 비난이 정당하고 지당하다고 생각할 것이다. 실제로 아이들이 말도 안 되는 판단이나 추론을 하는 것을 자주 볼 수 있다.

그러나 어린아이들의 이런 '불합리성'에 대해 곰곰이 생각해 보면 쉽사리 그렇게 말할 수 없다는 것을 알게 될 것이다. 아이들이 이치에 맞지 않게 말하는 것은 어떻게 해서든 세계를 파악하고 존재의 여러 모습 속에서 한결같은 성질을 찾아내려는 요구를 강렬하게 드러내는 것이다. 아이들은 아주 어릴 때부터 이런 일관성을 찾아내려고 애쓴다.

다음 이야기는 레닌그라드* 가까이에 있는 피서지에서 일어난 일이다. 해 질 무렵, 노을이 타는 듯이 붉게 물들었을 때 누군가가 미친개를 쏴 죽였다. 그날부터 두 살 반 된 마야는 저녁 노을을 보기만 하면 이렇게 말했다.

"또 미친개를 쏴 죽였나 봐!"

개가 죽었기 때문에 하늘이 붉게 물들었다고 생각하는 미성숙한 사고를 단순히 비웃고 말 수도 있다. 그렇지만 이 아이는 서로 다른 사실의 인과 관계를 수립하고자 하는 충동을 이런 식으로 표현한 것이다. 인과 관계야말로 인간이 만들어 낸 모든 학문의 기본이 되는 것이다.

이런 충동 때문에 아이들은 기상천외한 추론을 하기도 한다. 네 살 난 타샤는 '훈련'이라는 단어를 배웠다. 처음으로 이 단어를 알게 된 것은 서커스 구경 가서 훈련받은 개가 펼치는 묘기를 보았을 때다. 그리고 나서 여섯 달 뒤, 타샤는 친구 아버지가 '훈련' 받았다는 이야기를 듣고 즐거운 상상으로 가슴이 부풀어 이렇게 말했다.

"그러니까 키로치카 아빠는 — 개구나!"

---

* 상트페테르부르크의 옛 이름. 1914-1924년에는 페트로그라드라 했고, 1924-1991년에는 레닌그라드라고 했다. 상트페테르부르크는 1703년에 피터 대제가 건설한 도시다. (옮긴이 주)

다시 말하지만 이러한 실수는 '존중할 만한' 것이다. 이것은 어린 아이들이 경험의 폭이 넓어지면서 새롭고 복잡한 현상에 마주칠 때마다 그것에 적응하려고 애쓰는 눈부신 정신적 능력을 보여 주는 것이다.

돼지가 기차에 치여 몸이 찢어져 죽었다. 도시에 사는 다섯 살짜리 조랴는 방학 때 시골에 놀러 갔다가 이 모습을 보았다. 조랴는 돼지가 불쌍해서 슬퍼하며 눈물을 흘렸다. 며칠 뒤에 조랴는 다른 돼지가 활발하게 움직이는 것을 봤다.

"돼지가 자기 몸을 풀로 다시 붙였나 봐!"

조랴는 기뻐서 폴짝폴짝 뛰며 외쳤다.

이렇게 아이들은 아주 단순한 사실조차도 모를 때가 있는 것이다. 세상이라는 곳에 지금 막 도착해 이곳에 대해 아무것도 모르는 아이들은 한 걸음 내디딜 때마다 실수에 실수를 거듭하게 마련이다.

두 살에서 세 살 사이의 아이들은 세상에서 가장 기본이 되는 사실과 사물을 제대로 알지 못하기 때문에 비슷한 실수를 수없이 많이 한다.

"엄마, 엄마랑 나 가운데 누가 먼저 태어났어?"

"아빠는 어렸을 때 남자아이였어 여자아이였어?"

"난 해보다 눈(雪)이 좋아. 눈으로는 집을 지을 수 있지만 해로는 아무것도 못 하잖아."

"빨리 안경 써! 안 그러면 감기 걸려."

"난 마늘이 좋아. 소시지 냄새가 나거든."

"엄마, 모기도 사람을 물어?"
"응. 그렇지."
"근데 왜 짖지는 않아?"

"왜 버찌 안에 씨를 넣었어? 어차피 다 빼서 버릴 거잖아."

"바다는 물가가 하나밖에 없고 강은 물가가 두 개야."

"해가 바다 속으로 들어갔는데 왜 수증기가 올라오지 않아?"

"우리가 기차 타고 올 때 달이 계속 따라왔어요. 달도 카프카스에 가고 싶은가 봐요!"

"타조는 기린-새입니다."

"칠면조는 목에 리본을 단 거위입니다."(추수감사절에 주로 먹는 칠면

조는 보통 목에 리본을 단다)

올랴가 병아리에게 양배추 잎을 뜯어 먹인다.
"병아리는 양배추 안 먹어."
엄마가 알려 주었다.
"갖고 있다가 나중에 토끼가 되면 먹으라고 주는 거야."

"칼은 포크의 남편이야?"

"아빠, 저 전나무 베어 버려. 거기서 바람이 나오잖아. 베어 버리면 날씨가 좋아져서 엄마가 밖에 나가서 놀아도 된다고 할 거야."

료샤는 자기 방 창 아래 쇠뼈를 묻고 날마다 물을 주며 소가 자라나기를 기다렸다. 아침마다 료샤는 마당으로 뛰어나가 쇠뿔이 돋아났는지 살폈다. 발렌카는 엄마가 꽃에 물 주는 것을 보더니 강아지에게 빨리 자라라고 물을 뿌리기 시작했다.
　내 일기장에는 우리 딸이 세 살 반일 때 적은 이런 이야기가 있다.

　　무라는 슬리퍼를 벗어서
　　마당에 심었다.
　　"어서 어서 자라라 내 신발,
　　어서 자라라!
　　날마다 물을 줄게

그러면 나무가 자라겠지
마술 나무가!"

"맨발을 한 아이들이
마술 나무에 가서
깡충깡충 뛰어서
예쁜 빨간 신발을
딸 거야.
그리고 말하겠지.
'야, 무로치카,
너 정말 똑똑하구나!'"

아이는 해와 별이 벽난로 불에서 만들어졌다고 생각했다.
"아빠 불 피워 줘. 하늘로 날아가서 해하고 별 되라고."

내가 아는 한 남자아이는 엄마에게 아침이 되면 밤은 어디로 가냐고 자꾸 물었다. 어느 날, 속이 컴컴한 깊은 물길을 지날 일이 있었다. 아이는 조그맣게 속삭였다.
"나 밤이 어디 숨었는지 알았어."

봄이 오는 이유는 다음과 같다.
"겨울이 너무 추워서 도망가 버렸거든."

북쪽 지방에 사는 한 아이가 방학 때 남쪽에 있는 크림 반도에 놀러 왔다. 첫날 밤에 잠자리에 들어 아이가 말했다.

"엄마, 해 좀 꺼 줘."(남쪽 지방은 북쪽보다 낮이 길다-옮긴이)

마리나가 어느 날 엄마에게 말했다.

"엄마, 엄마는 왜 내 꿈에 안 나와?"

그날 저녁에는 또 이렇게 말했다.

"엄마, 내 베개 같이 베고 누워서 내 꿈 보자."

두 살 난 옐리는 놀림을 받자 이렇게 위협했다.

"온통 깜깜하게 만들어 버릴 거야."

그러고는 눈을 실끈 감았다. 옐리는 그 순간 세상이 온통 깜깜해졌다고 믿었다.

앞에서 인용한 문장과 아이들이 하는 행동을 보면 아이들은 아주 단순한 사실조차 모르고 있다는 것을 알 수 있다. 물론 아이들의 어리석음을 비웃자고 이런 표현들을 예로 든 것은 아니다. 그 반대로 이런 모습을 볼 때마다 나는 아이들을 존경하는 마음이 우러난다. 이런 모습은 아이들이 일곱 살 무렵이 될 때까지 지속되는 정신적 혼란을 극복하려고 아주 노력한다는 증거이기 때문이다. 아이가 얼마나 짧은 기간에 어마어마하게 많고 다양한 지식을 얻는지 생각하면 놀라지 않을 수 없다. 초등학교에 들어갈 무렵이 되면 아이는 '두 살에서 다섯 살까지'의 나이에서 흔하게 나타나는 착각에 빠지지 않는다. 이 무렵이면 '학식'이 넓어지고 세상의 사물과 사실에 익숙해지기 때문에 앞서 인용한 그런 말들을 다시는 입에 올리지 않을 것이다. 병아리가 크면 토끼가 되지 않는다는 것, 포크가 칼이 부부 사이가 아니라는 것을 확실하게 안다. 학교에 들어가기 전의 아이들과 초등학생이 지식을 받아들이는 범위에서 엄청난 차이가 나는 것을 보면 이 어린 시기에 이루어지는 지적 활동이 얼마나 기적 같은 것인지 알 수 있다.

다음에 드는 예는 아이들이 해부학이나 생리학 같은 학문을 얼마나 모르고 있는지 보여 준다.

한 아이가 알몸으로 거울 앞에 서서 진지하게 말했다.

"눈은 보는 거고…… 귀는 소리를 듣는 거고…… 입은 말하는 거고…… 그럼 배꼽은? 배꼽은 뭐하는 데 쓰는 거야? 그냥 멋으로 있는 건가 보다……."

엄마가 갓난아기에게 젖을 먹이고 있었다. 다섯 살짜리 아들은 그걸 가만히 보고 있더니 심각하게 물었다.

"엄마, 거기서 커피도 나와?"

"정말 신기하지! 난 커피, 물, 우유, 보리차, 코코아 이렇게 여러 가지를 마시는데 오줌으로는 보리차만 나와."

할머니가 틀니를 입에서 뺐다. 유로치카는 웃음을 터뜨리더니 이렇게 말했다.

"할머니, 눈도 빼 봐."

어린아이다운 실수를 이렇게 늘어놓다 보면, 세상에 대한 제한되고 조각난 지식에 비록 허황된 것이라도 질서를 세우려고 굳게 마음먹는 아이들에게 매료되고 만다. 처음에는 아이들이 머릿속에 떠오르는 대로 연관을 짓도록 내버려 두자. 잘못된 유추를 하도록 하자. 아무튼 간에 무엇 때문에? 왜? 어떻게 해서? 하는 질문에 대답하고자 하는 욕구는 아이들의 정신이 발달하는 데 가장 중요한 요소이다. 인과 관계를 탐구하는 것은 문화의 기틀이자 인간의 사고를 진보하게 만드는 바탕이 된다. 아이들이 지적 성장의 첫발을 내디딘 뒤부터 자주 넘어진다 하더라도(아이는 실제로 한 발 한 발 내딛을 때마다 넘어진다) 아이들은 올바른 길을 가고 있는 것이다.

앞에서 열거한 어린아이다운 판단은 동시성이나 유사성에 따른 연관에 바탕을 둔 것이다.

동시성에 따른 연관의 예가 되는 것이 이 장을 시작할 무렵에 예로 든, 두 살 난 마야가 한 이야기다. 마야는 우연하게 동시에 발생한 두 가지 사건에 깊은 인상을 받았다. 마야는 불타오르듯 화려한 저녁노을과 미친개를 쏴 죽이는 모습을 전에 한번도 보지 못했는데 이 사건은 둘 다 예상치 못한 새로운 모습이라 여기에서 강렬한 인상을 받았다. 그렇기 때문에 마야는 두 사건을 다른 정황으로부터 분리해 둘 사이에 인과 관계를 만들었다. 그리고 저녁 때 하늘이 붉게 물들면 개가 죽는다고 판단한 것이다. 아이가 착각한 것이 중요한 것이 아니다. 반복해 말하지만 중요한 것은 아이가 사실을 관찰하고 그곳에서 상호의존성을 파악하고자 하는 인간 정신의 성향을 보여 주고 있다는 사실이다.

이것은 다시 말해 인간에게서만 특별히 나타나는, 인과 관계를 생각하는 사고의 씨앗인 것이다. 어른의 의무는 아이들의 실수를 짚어 주고 가르쳐 주는 것이다. 그렇지만 아이들이 그릇된 결론을 내리더라도 아이가 사용하는 재미난 추론 방식, 과정에 관심을 기울여야 한다. 아이들은 경험이 쌓이면 실수를 금세 바로잡고, 곧 현상의 인과 관계에 익숙해질 것이다.

이 발달 과정의 다음 단계는 사물의 유사성(혹은 대조)에 따른 연관이다. 칠면조를 두고 세 살짜리 아이가 한 말이 이러한 연상의 두드러진 예가 될 것이다. "칠면조는 목에 리본을 단 거위입니다." 이 아이는 자기가 알고 있는 지식을 다른 사물에 적용하는 실수를 저질렀다. 그렇지만 시각적이고 일반적인 특징에 따라 물질세계의 사물을 분류하고 다른 사물과 비교하려고 한 것은 아이가 앞으로 정신 활동을 하는 데 든든한 바탕이 될 것이다.

왜, 왜, 왜, 끝없는 질문

그러나 물론 아이는 아이다. 박식한 학자가 아니다. 엄청난 지적 노력을 기울이고 있지만 자기가 쉴 새 없이 진리를 탐구하는 정신노동자라고는 전혀 생각하지 않는다. 아이들은 놀고, 뛰고, 노래하고,

싸우고, 할머니나 어머니가 하는 집안일을 돕고, 칭얼거리고, 그림을 그리고, 옛날이야기를 듣는다. 무슨 활동을 하더라도 자기를 둘러싼 세상을 쉬지 않고 해석하는데 그것을 자신의 특별한 임무라고 생각하지는 않는다. 생각하는 일을 다른 활동과 구분하지도 않는다. 또 이 시기의 생각은 변덕스럽고 돌발적이며, 생각할 때는 주의가 쉽게 흐트러진다. 학교에 들어가기 전의 아이들은 오랜 시간 동안 집중해서 생각하는 것이 자연스럽지 않은 것이다.

때로는 혼란스러운 사실에 대해 이런저런 가설을 내놓고, 다음 순간에는 그걸 완전히 잊어버리고 새로운 가설을 만들어 내기도 한다. 아이들은 점점 더 현실을 정확히 이해하게 되지만 잘못된 가설을 내놓은 뒤에는 항상 올바르게 판단할 것이라고 기대할 수는 없다. 아이들은 넓게 지그재그를 그리며 진실을 향해 나아간다.

서로 반대되는 개념 두 가지가 아이의 머릿속에 평화롭게 공존하는 경우도 있다. 모스크바에 사는 네 살 난 여자아이가 한 말을 예로 들 수 있다.

"하느님은 있어. 그렇지만, 나는 하느님을 믿지 않아."

할머니가 아이에게 그리스정교의 교리를 주입했지만 아버지는 아이에게 무신론을 가르쳤다. 아이는 두 사람을 다 기쁘게 해 주고 싶었기 때문에 짧은 문장에서 믿음과 불신을 동시에 표현한 것이다. 여기에서 아이의 놀라운 융통성과, 진실이 무엇인지에 대해서는 별로 개의하지 않는 모습을 볼 수 있다.

"하느님은 있어. 그렇지만, 나는 하느님을 믿지 않아."

양립할 수 없는 두 가지 주장을 동시에 하면서도 아이는 자기가 이치에 닿지 않는 말을 했다는 것은 전혀 알아차리지 못한다.

취학 전 아이들한테는 사회적, 생물학적 진리가 별로 필요 없다. 그래서 아이들은 개념을 가지고 자유롭게 놀고 다양한 허구를 아주 쉽게 만들어 내어 기분에 따라 마음대로 사용한다.

네 살짜리 여자아이는 인형놀이를 하듯 목마를 가지고 놀면서 이렇게 중얼거렸다.

"망아지가 꼬리를 달고 산보 간다."

엄마가 끼어들어 이렇게 말했다.

"말꼬리는 몸에 붙어 있는 거야. 떼었다 붙었다 하는 게 아니고."

"엄마 바보! 그냥 놀이로 그러는 거잖아!"

사실 아이는 말과 꼬리가 분리되지 않는다는 걸 오래전부터 알고 있었다. 그러면서도 아이는 반대되는 개념을 써서 가상의 상황을 만들어 내고 인형놀이를 하듯 옷을 입혔다 벗겼다 하며 장난감 말을 가지고 놀 수 있다. 아이들을 자세히 관찰하면 할수록 우리 '어른들'의 진실에 대한 태도는 아이들에게 이상하게 보일 수 있다는 생각이 든다. 특히 아이들이 놀이를 할 때 더 그렇다.

무슨 놀이를 하든 아이들은 놀이에 푹 빠져 들곤 한다. 특히 상상력을 동원하는 놀이를 좋아한다. 이런 놀이가 얼마나 도움이 되는지는 쉽게 알 수 있다. 아이들은 이렇게 놀면서 앞으로 정신 활동을 하기 위한 훈련을 하는 것이다. 이런 놀이 가운데 한 가지는 이렇게 이루어진다. 아이들은 같은 사실을 두 가지로 다르게 설명하는 것을 들고, 두 가지를 모두 '믿기로' 결정한다. 아이들에게 진실이란 다양하고 융통성 있고 끝없이 다양한 형태를 가질 수 있는 것이다.

'반쯤 믿는다'는 말이 여기에는 아주 잘 들어맞는다. 이렇게 반쯤 믿는 것에는 다양한 층위가 있어 아이들이 기분 내키는 대로 적용하는 것처럼 보인다.

다섯 살 난 류샤는 영화 촬영하는 데 구경 가서 감독에게 물었다.
"저 전차는 왜 움직여요?"
감독이 대답했다.
"전차가 살아 있으니까."
"왜 불꽃이 튀어요?"
"전차가 화가 나서 그래. 졸려서 자고 싶은데 자꾸 달리게 하니까 콧김을 씩씩거리는 거야."
"거짓말!"
류샤가 소리쳤다.
"안 살아 있고 화도 안 났어요."
"살아 있지 않으면 어떻게 달리겠니."
"아니에요. 울 아빠가 안에 기계가 들어 있어서 움직인다고 그랬어요. 나도 다 알아요!"

감독은 아이의 현실적인 태도에 풀이 죽어 입을 다물었다. 그런데 잠시 후, 감독은 류샤가 친구들에게 이렇게 말하는 것을 듣고 놀랐다.
"그것도 몰라? 살아 있으니까 움직이는 거야! 봐! 불꽃이 튀잖아. 전차가 화가 났어. 졸려서 그래. 달리다가 지쳤어."

류샤의 친구들은 류샤가 하는 말을 듣고 또 자기가 믿고 싶은 만큼만 믿었을 것이다. 류샤는 전차가 살아 있고 화가 났다는 환상을 즐겼다. 류샤는 전차가 실제로 어떻다는 걸 잘 알고 있으면서도 자기 지식의 일부를 의식에서 지워 버린 것이다. 그 순간 상상 속의 놀이에 방해가 됐기 때문이다. 아이는 상상 속의 놀이를 위해, 실제 사실에 자기가 적응하는 게 아니라 사실을 자기에게 맞게 각색하는 경우가 있다.

·우리 증손녀 마셴카는 두 살 때부터 옛날이야기에 매료되어 '마치'라는 단어를 써서 세상을 신비롭게 재현해 표현하곤 했다. 다음은 마셴카의 엄마가 쓴 일기에서 발췌한 내용이다.

"마셴카는 동물이나 사물이 말을 할 수 없다는 걸 확실히 알고 있다. 그러면서도 이렇게 질문한다.

'엄마, 마치 말이 (살아 있는 것처럼) 할아버지한테 뭐라고 그랬게?'

또는,

'엄마, 누가 책상을 치웠더니, 마치 의자가 뭐라고 말했게? 마치 의자가, "작은 책상이 없으니까 외로워." 그랬어. 그리고 마치 작은 책상이 울기 시작했어.'

이런 질문을 받고 내가, 예를 들어, 마치 집이 트럭한테 뭐라고 했을지 얼른 떠올리지 못하면 마셴카는 답을 알려 주고 따라하게 한다.

버섯을 따러 가면 마치 버섯이 '땅에서 나와 도망가자. 우리를 따러 왔어' 하고 말한다고 한다."

다른 날 쓴 일기를 보면 아이는 자기가 만들어 내는 환상을 자기 뜻대로 통제할 수도 있고, 재미가 없어지면 또 마음대로 거부할 수도 있다는 것을 뚜렷이 알 수 있다. 한 번은 간식 시간에 아이가 갑자기 빵이 먹기 싫다고 했다. 엄마는 '마치'를 이용해서 아이를 달래 보려고 했다.

"저 소리 안 들려? 마치 빵이 먹어 달라고 하는데?"

이 말에 아이는 논리를 갖춰 조목조목 대답했다.

"빵은 말 못해. 입이 없잖아."

이런 상황은 한두 번이 아니었다. 아이는 필요할 때면 바로 '마치'를 전부 거부하고 냉정한 현실주의자가 되었다. 이 아이는 다른 아이들처럼 환상에 대해서는 순전히 장난스럽게 행동했고, 머릿속의 놀이에 필요한 만큼만 자기 환상을 믿었다.

아이들은 동화 속의 허구에 대해서도 같은 방식으로 반응한다. 지나치게 실용주의 태도를 보이는 어느 아버지는 자기 딸을 환상에서 보호하려고 반-환상적인 이야기를 만들어 냈다. 그러니까 바바야가(러시아 옛날이야기에 나오는 마녀 같은 인물) 같은 것은 실제로 존재하지 않는다는 개념을 강조하는 이야기이다.

"말 안 해도 알아."

딸이 대답했다.

"바바야가가 없다는 거 알아. 그래도 바바야가가 나오는 이야기해 줘."

아이는 진리에 도달하는 과정을 조금도 힘겹게 여기지 않는다. 여러 문제를 마구잡이로 연상하거나 때로는 깜짝 놀랄 만큼 환상에 빠져 들어 그 자리에서 바로 해결하고는 한다.

엄마가 파이를 구우려고 준비하고 있었다. 다섯 살 난 딸은 창턱에 앉아 있었다. 해 질 무렵이었다. 아이가 물었다.

"별은 어디에서 와?"

엄마는 한참 반죽을 하는 중이라 대답을 잠시 미루고 있었다. 아이는 엄마를 가만히 보고 있더니 조금 뒤에 이렇게 선언했다.

"나, 별이 어떻게 생겼는지 알아! 달을 만들고 남은 걸로 만드는 거야."

이 즉흥적인 생각은 밀가루 반죽으로 파이 껍질을 만드는 모습을 보고 떠올린 것이다. 아이는 엄마가 밀가루 반죽을 넓게 펴서 큰 파이 껍질을 만든 다음 남은 부분을 잘라 내 작은 파이 껍질 여남은 개를 만드는 모습을 본 것이다.

그래서 아이는 파이와 별 사이의 유사 관계를 파악하고 행성의 탄생에 관한 새로운 이론을 즉각적으로 만들어 냈다.[1]

이런 식이다. 그러나 아이들이 아무리 환상에 빠져 추론한다 하더라도, 그것 때문에 아이들이 세상에서 제구실을 하는 데 반드시 필요한 지식을 폭넓게 익히려고 분투하고 있다는 것을 보지 못해서는 안 되겠다.

어린아이의 정신세계가 아무리 불안정하고 혼란스럽게 보이더라도(특히 만 다섯 살이 되기 전의 아이들) '두 살에서 다섯 살까지'의 아이들은 지구상에서 가장 탐구심이 왕성한 존재이며, 자기를 둘러싼 세계를 이해하고자 지치지 않고 질문을 던진다는 사실을 잊어서는 안 된다.

"자전거 타고 하늘을 날고 싶어. 달도 보고 별도 보고."

네 살 난 볼로댜가 한 말이다.

다음은 네 살짜리 남자아이가 2분 30초 동안에 속사포 같은 속도로 아버지에게 쏟아 부은 질문을 적은 것이다.

"연기는 어디로 날아가?" "곰은? 곰도 브로치를 달아?" "누가 나무를 흔드는 거야?" "낙타를 쌀 만큼 큰 신문 갖다 줄 수 있어?" "문어는 알에서 나와, 아니면 새끼로 나와?" "병아리는 비 와도 고무장화 안 신고 나가?"

아래는 다른 아이가 한 질문이다.

"하늘은 어떻게 생겨났어?" "해는 어떻게 생겨났어?" "왜 달은 전등불 같아?" "벌레는 누가 만들어?"

질문이 천천히 이어질 때도 있다. F. 비그도로바가 쓴, 출간되지 않은 일기를 보면 다섯 살짜리 딸이 이런 질문을 던지는 게 나온다.

'거인이 뭐야?'

'우리 방에 거인이 들어올 수 있어? 네 발로 기면 들어올 수 있어?'

'듀모보치카는 거인보다 몇 배나 작아? 거인은 나보다 몇 배나 더 커?'

'거인은 옷을 입어 안 입어?'

'거인은 뭐 먹어?'

'착해 안 착해?'

'거인 한 사람이 파시스트를 전부 죽일 수 있어?'

아이는 이 질문들을 동시에 쏟아 부은 게 아니라 사이를 두고 천천히 하나씩 하나씩 물었다. 조그만 머리로 계속해서 곰곰이 생각하고 있었다는 말이다."

마셴카가 라디오에 대해 이렇게 물었다.

"라디오에는 사람도 많이 나오고 음악도 나오잖아. 어떻게 저 많은 사람들이 악기를 가지고 라디오 안에 들어간 거야?"

전화기에 대해서는 이렇게 물었다.

"아빠, 전화로 나랑 이야기할 때, 어떻게 전화기 안에 들어갔어?"

누가 들려준 이야기인데, 세 살짜리 남자아이 하나도 이와 비슷한 질문을 했다. 학교에서 물리학을 전공한 아이의 고모가 전화기의 구조에 대해 설명하기 시작했다. 아이는 열심히 들었다. 설명이 끝나자 아이는 이렇게 물었다.

"그런데, 그럼 아빠는 전화기에서 어떻게 나왔어?"

아이가 자라면 자랄수록 지식을 추구하는 과정에서 모호함은 점점 사라지고, 대여섯 살쯤 되면 이미 아이는 지적 활동의 재료를 아주 진지한 태도로 대하기 시작한다.

푸시킨 마을에 사는 한 젊은 어머니가 보내 준 편지는 이에 대한 설득력 있는 예가 될 것이다. 네 살 난 니콜카 이야기다.

"니콜카는 전쟁이 뭔지, 국경은 뭔지, 다른 나라에는 어떤 사람이 사는지, 어떤 나라가 어떤 나라랑 싸우고 어떤 나라랑 어떤 나라는 우호적인지, 우리나라는 어떤 나라와 전쟁을 할 건지, 또 어떤 나라는 무엇 때문에 전쟁을 하는지 따위를 집요하게 물어봅니다. 전혀 쉴 시간도 주지 않아요. 어찌나 끈덕진지 제가 대답한 것을 전부 외우려고 하는 것 같아요. 네 살짜리 아이한테 어떻게 대답해야 할지 몰라 답을 안 할 때도 많아요. 그러면 아이는 화를 내고 답을 모른다고 절 업신여기기도 하지요.

펌프 · 자동차 · 보일러 · 트랙터 · 전깃불은 어떻게 만드는지, 태풍이 뭔지, 강은 어디에서 오는지, 사냥은 어떻게 하는 건지, 엄마 배 속에 있는 아기는 어떻게 생기는지 — 음식으로 만드는 거겠지? 하는 질문들이에요. 새나 바다 동물에 대해서도 자세하게 알려고 들어요. 이런 질문은 전부 아이 머릿속에서 생겨난 거예요. 저는 전혀 힌트도 주지 않았는데요(엄마들은 종종 이렇게 착각한다). 작년에, 아이가 세 살밖에 안 됐을 때부터 이런 질문들을 해 댔어요.

때로는 너그럽게 이렇게 대답할 때도 있지요.

'크면 다 알게 될 거야.'

그러면 아이는 엄청 진지하고 엄숙하게 이렇게 말합니다.

'내가 물어보는데 안 가르쳐 주면 난 바보가 될 거야. 그러지 말고 가르쳐 주면 점점 머리가 좋아질 텐데⋯⋯.'"

모든 아이들이 이 아이처럼 어른들한테서 지식과 정보를 구하는 이유를 뚜렷하게 말할 수 있는 건 아니지만, 집요한 것은 다들 마찬가지다.

네 살 난 세료자가 엄마에게 한 말에는 아이들이 요구하는 것이 함

축되어 있다.

"나는 '왜 쟁이'고, 엄마는 '왜냐하면 쟁이'야."

아이들이 '지겹게' 질문을 해 댄다고 화를 내며 대답해 주지 않는 것은 돌이킬 수 없는 잔인한 행동을 하는 것이다. 아이들의 지적 성장을 가로막고 정신 발달을 방해하는 것이기 때문이다. 어떤 아이들은 실제로 어느 시기 동안 끝도 없이 "왜, 왜, 왜." 하고 질문을 퍼부어 할머니, 아버지, 어머니를 말 그대로 나가떨어지게 하기도 한다. 그렇지만 아이를 존중한다면 귀찮다는 이유로 아이에게 반드시 필요한 정신의 양분을 빼앗아 버려서는 안 된다.

아이를 제대로 교육시켜야 한다는 사회적 책무감 때문에 열심히 공부하는 어머니, 아버지들도 있다. 무엇보다도 네 살배기 사색가가 피할 수 없이 질문을 쏟아 붓는 데 대답하기 위해서이다.

"솔직히 말해 저는 아이들이 묻는 질문에 대한 답을 모를 때가 많아요." 유치원 소식지에 한 어머니가 쓴 글이다. "학교 다닐 때 배운 자연과학이나 생물학의 기초 지식이 생각이 안 나거나 그것만으로 불충분할 때가 많아요. 그리고 아이들이 물어보는 건 무척이나 다양해요. 질문에 대답하려면 일단 알아야 하고 또 아이가 이해할 수 있게 설명할 수 있어야 하잖아요. 그러니 천문관에도 가고, 천문학 책도 읽고, 식물학이나 동물학도 배워야 하지요."[2]

우리에게는 아이들이 끝없이 질문하는 데 대답해야 할 뿐 아니라 아이들의 호기심을 자극해서 해가 지날수록, 혹은 달이 지날수록 아이들이 점점 더 흥미로운 질문을 할 수 있도록 도와야 할 의무도 있다.

 그렇다고 해서 아이들의 머리에 온갖 심오한 지식을 동시에 집어넣어야 한다는 뜻은 아니다. 막심 고리키는 이렇게 말했다. "아이의 질문에 솜씨 있게 대답하는 것은 어려운 기술이다. 신중하게 답할 필요가 있다." 아이들 질문에 답할 때는 면밀하게 높낮이를 조절해야 한다. 아이들이 우리에게 진리나 복잡하고 심원한 사실을 전부 밝혀 달라고 하는 것은 아니다. 우리나라 교육자들이 관찰한 데 따르면, "취학 전 아이들은 아이들이 이해할 수 없는 과학적 용어로만 설명되는 이러저러한 현상에 대한 원인을 전부 알고 싶어서 질문을 던지는 것이 아니다. 아이들은 다양한 자연 현상에 본질적인 의문을 갖기보다 외형적이고 부분적인 연관 관계에 관심을 가질 때가 많다. 그렇기 때문에 과학적으로 설명하는 것보다 비슷한 것과 연결시키거나 예만 들면서 설명해 주는 것이 더 나을 수 있다."[3]

존재의 시작과 끝

 특히 직설적으로 대답하기 어려운 것을 아이들이 물을 때 아이들의 이런 특징을 이용할 필요가 있다. 이를테면 출생에 관한 질문 같은 것 말이다.

 아이들은 탐구심이 강해서 대개 네 살이면 자기가 어떻게 세상에 존재하게 되었는지 궁금해한다. 그 무렵이면 지구상의 생명체가 어떻게 생겨났는지도 궁금해한다. 아마 아이들은 모두 이런 의문에 자기 나름대로 가설을 세우고 있을 것이다.

물론 이 가설은 예외 없이 모두 틀린 것이다. 그렇지만 그 가설들은 하나하나가 아이들의 정신이 쉼 없이 분투하고 있다는 증거이기도 하다. 존재하는 모든 사물의 기원에 대해 깊이 고민하는 것은 아이들의 정신 발달을 좌우하는 법칙이다. 아이가 '맨 처음 엄마는 누가 낳았어?' 하고 물을 때, 아이는 물질세계의 근본 원인을 밝히려고 노력하기 시작하는 것이다.

노련한 교사들은 아이가 생명의 탄생에 대한 비밀을 파헤치려고 할 때, 사실에서 너무 멀어지지 않으면서 아이의 호기심과 궁금증을 충족시켜 줄 수 있는 특별한 방법을 터득하고 있다.

"왜 아빠는 임신하지 않아요?"

꼬마 하나가 유치원 선생님에게 물었다. 선생님은 고리키가 말한 '신중한' 태도로 대답했다.

"아기는 엄마들만 낳지만 아빠도 아이를 사랑하고 돌본단다. 비둘기가 새끼 먹이 주는 거 봤지? 엄마 비둘기하고 아빠 비둘기 둘 다 새끼들한테 먹이를 물어다 주잖아. 엄마 비둘기만 둥지에 알을 낳지만, 엄마 비둘기가 다른 데로 잠깐 날아가면 아빠 비둘기가 둥지에 앉아서 알을 품는단다.……"

이런 방법도 아이가 이해하기 쉽게 대답하는 좋은 방법이다.

다른 방법도 있을 것이다. 아이들은 모두 다르기 때문에 보편적인 '처방'이란 있을 수 없다. 아이마다 다르게 다가가야 할 때가 있고 또 교사의 감수성이나 기술, 재치에 따라서도 많이 달라질 것이다.

어떤 상황에서나, 어떤 아이에게나 들어맞는 일반적인 표준이란 존재하지 않는다. 그렇기 때문에 이러한 풀리지 않는 의문에 대한 관심이 아이마다 얼마나 다양하고 진지하게 드러나는지 여기에서는 특징적인 예만 간략하게 들 수밖에 없다.

첫 번째 예로 내가 우리 증손녀 마셴카를 보고 적어 놓은 재미난 이야기가 있다.

"마셴카는 네 살이 되기 전까지는 아기를 가게에서 사 온다는 말을 믿었다. 그렇지만 만 네 살이 되고 나서 질문을 쏟아 부었다.

'어떤 가게에서? 어디에 있는데? 어떻게?'

이런 질문들을 퍼부었다. 우리는 아이는 사 오는 게 아니라 낳는다고 말해 줄 수밖에 없었다. 배를 가르고 아기를 꺼낸다고 말해 주었다. 엄마는 마셴카를 낳았고, 마리나 할머니는 엄마를 낳았고, 또 누구는 누구를 낳았다고 말해 주었다.

'그럼 콜랴 할아버지는 누구를 낳았어? 여자는 딸 낳고 남자는 아들을 낳는 거야?'

남자는 아기를 낳지 않고 여자만 아기를 낳는다고 하자 아이는 당황스러워했다.

'그럼 갈랴 이모는 세료자만 낳고 왜 할아버지는 안 낳았어? 할아버지는 갈랴 이모 배 속에 들어가기가 싫었어? 왜? 류도치카는 왜 나보다 늦게 태어나서 나보다 작아? 왜 나랑 같이 태어나지 않았어?'"

한 아버지가 보낸 편지다.

"우리 여섯 살 난 투시카는 임신한 여자를 보고 웃으며 이렇게 말했습니다.
 '와, 배 봐라!'
 제가 말했지요.
 '저 아줌마 보고 웃으면 안 돼, 배 속에 아기가 있어서 그래.'
 투시카는 겁에 질린 듯이 말했어요.
 '저 아줌마가 아기를 먹었어?'"

"엄마가 아들도 낳아? 그럼 아빠는 왜 필요해?"

"내가 어떻게 태어났는지는 알아. 그럼 엄마랑 아빠는 어떻게 태어났어?"

"엄마, 나는 누가 낳았어? 엄마가? 그럴 줄 알았어. 아빠가 낳았으면 나도 수염이 났을 거잖아."

비슷한 이야기가 또 있다.
 "저 아줌마는 왜 수염이 났어?"
 "몰라."
 "저 아줌마는 아버지가 낳았나 봐."

"수탉이 자기가 수탉이라는 거를 까맣게, 까맣게, 까맣게 잊어버리면 달걀을 낳을 수도 있어?"

"무슨 소리야? 내가 어디에서 왔냐니? 엄마가 낳았잖아. 엄마 손으로."

"사람은 뭘로 만들어? 뼈로?"

"삼촌, 삼촌, 토끼한테서 조그만 토끼가 막 쏟아져 나와! 빨리 와 봐! 다시 들어가 버리면 못 보잖아!"

"엄마, 엄마, 말 안 듣는 동생은 왜 낳았어? 애는 그냥 엄마 배 속에서 끝까지 심심하게 지내면 더 좋을 텐데."

베라 파노바가 쓴 소설 《세료자》를 보면 다섯 살짜리 주인공이 혼자 이런 생각을 하는 이야기가 나온다.
"아기가 어디에서 오는지 누구나 다 안다. 병원에서 사 온다. 병원에서는 아기를 판다. 그런데 한 아줌마는 한 번에 둘을 사 가지고 왔다. 왜 똑같이 생긴 아이를 둘이나 샀을까? 아줌마는 점으로 아이들을 구분한다고 한다. 하나는 목에 점이 있고 하나는 없다. 정말 이상하다. 왜 똑같이 생긴 아이를 샀는지? 다르게 생긴 아이 둘을 사는 게 더 나을 텐데."
부모가 아이를 사 온다는 설이 어린아이들 사이에서는 가장 널리 퍼진 설이다.
할아버지 한 분이 다섯 살짜리 나타샤를 계속 놀렸다.

"네 동생 할아비한테 선물로 줄래?"
"그건 안 돼요!"
나타샤가 단호하게 거절했다.
"우리도 돈 주고 산 거란 말이에요."

여섯 살 난 스베틀라나의 아버지가 텔레비전을 팔았다. 스베틀라나가 말했다.
"잘됐다! 이제 나한테 남동생 사 줄 돈이 생겼잖아."

세 살 난 이리나는 아기가 비싸기 때문에 엄마가 아기를 '사지' 않는다고 생각했다. 그래서 이리나는 길이나 마당, 집 안에서 동전을 주울 때마다 엄마한테 가져가서 이렇게 지시했다.
"아기 살 돈이야! 다른 데 쓰면 안 돼!"

이라 그무지나는 엄마한테 아기 타냐를 사 달라고 졸랐다.
"타냐는 너무 비싸. 인형 사 줄까?"
엄마가 말했다.
이라는 인형은 싫다고 대답했다. 며칠 뒤에 라디오에서 물가가 내렸다는 뉴스가 나왔다.
"이제 타냐 사 줄 수 있지!"
이라가 외쳤다.

전쟁 때 있었던 일이다. 여자아이의 보모가 한참 동안 줄을 서 있었는데 배급 식량을 받지 못했다. 실망한 보모를 달래려고 아이는 이렇게 말했다.

"너무 슬퍼하지 마. 우리 엄마도 병원에 가서 아주 아주 오래 줄을 서 있었는데도 아들 대신에 딸을 줬지 뭐야!"

20년 전, 레닌그라드 시내에 아직 마차가 다니던 무렵, 여섯 살 난 안톤이 망아지가 '배에서' 태어난다는 걸 알고 물었다.

"그런데 마부가 배가 그렇게 커?"

"엄마, 근데 내가 태어났을 때, 내가 유로치카인 줄은 어떻게 알았어?"

"엄마가 그렇게 치사한 줄 알았으면 엄마한테서 안 태어났을 거야."

다섯 살 난 에리크가 공동 취사장에서 이렇게 떠벌렸다.

"아빠가 엄마한테 딸을 낳으면 손목시계를 사 준다고 했어요. 나한테 손목시계를 사 주면 나는 열 명이라도 낳아 줄 텐데."

아이를 낳는 방법이 여러 가지라고 생각하는 아이들도 많다.

"엄마, 나를 돈 주고 샀어, 아니면 낳았어?"

"내가 낳았지."

"아, 그렇지만 론카는 산 거지?"

"난 로스토프로 도망가서 거기서 애기를 낳은 다음에 아기 이름을 절대로 안 가르쳐 줄 거야."
하고 한 아이가 부모를 위협했다.

"할머니는 왜 저렇게 못된 아빠를 낳았어요?"

"엄마, 나 동생 낳아 줘."
"조르지 말아. 엄마는 아기 낳을 시간이 없어."
"엄마, 일요일은 쉬잖아!"

"엄마 배 속에 있을 때 난 뭘 봤어?"
"아무것도 못 봤어."
"아니야. 안 그래. 엄마가 입 벌렸을 때 밖을 내다봤는데?"

"엄마, 아기나 아니면 강아지 하나 낳아 줘. 부탁이야! 내가 예뻐해 줄게."

아이들한테 아직 필요하지 않은 정보나 개념을 성급한 어른들이 너무 빨리 알려 주면 아이들은 그것에서 스스로를 보호한다. 아이 나이를 생각하지 않고 어머니나 아버지가 수정, 임신, 출산이 어떻게 이루어지는지 숨김없이 자세하게 알려 준다면, 아이는 아이다운 본성의 법칙에 따라 이 사실을 끝없는 상상의 재료로 삼을 것이다.

다섯 살 난 볼리크 슈미트는 아이를 어떻게 낳는지 어머니가 자세하게 하나하나 터놓고 이야기하자 곧바로 자기가 엄마 배 속에 있을 때 어떻게 살았는지 긴 '소설'을 지어 내기 시작했다.

"…… 거기 벽이 있었어. 엄마 등과 배 사이에……."

"무슨 벽?"

"문이 달린 벽. 문이 아주 조그매. 맞아, 엄마 배 속에 있을 때 봤어. 그리고 아주 아주 작은 방이 있어. 내가 엄마 배 속에 있을 때 그 방에 아주 작은 삼촌이 살았어."

"어떤 삼촌?"

"삼촌한테 놀러 가서 차를 마셨어. 그리고 작은 뜰에서 놀았어. 작은 뜰도 있고 모래밭도 있었어. 그리고 수레도……. 거기서 애들하고 놀고 수레도 타고 놀았어."

"애들이 어떻게 거기 있었지?"

"작은 삼촌이 낳은 애들이야. 아주 아주 애들이 많아. 그리고 다 남자애야. 여자애는 없어."

"걔들하고 같이 살았어?"

"삼촌네 집에 자주 놀러 갔어. 그러다가 태어날 때가 돼서 인사하고, 악수도 하고, 배 밖으로 나왔어."

볼리크가 엄마 배 속에서 생활한 이야기는 베라 페도로브나 시밋트가 쓴 일기에서 빌린 것이다. 같은 일기에 또 다른 재미있는 이야기가 실려 있다.

"밥을 한입 삼킬 때마다 볼리크는 숨을 죽이고 자기 몸속에서 무슨 일이 일어나는지 귀를 기울였다. 그러고는 활짝 웃으며 말했다.

'방금 배로 가는 사다리를 타고 내려갔어.'

'사다리라니?'

'여기 조그만 사다리가 있거든. (목에서 배까지를 손가락으로 가리키며) 내가 먹은 거는 다 이 사다리를 타고 내려가……. 그리고 팔하고 다리 안에도 사다리가 있어. 그래서 내가 먹은 게 전부 사다리를 타고 온몸으로 퍼지는 거야…….'

'그 이야기 누구한테 들었니?'

'들은 게 아니라 본 거야.'

'어디에서?'

'내가 엄마 배 속에 있을 때 엄마 배 속에 그런 사다리 있는 거 봤어……. 그러니까 내 몸에도 똑같은 게 있겠지.'"

어머니가 발생학적 사실을 성급하게 알려 줄 때 다섯 살짜리 아이는 이렇게 반응한다.

위의 일기에서 볼 수 있는 지나치게 열성적인 어머니에게는 A. S. 마카렌코가 한 말이 적절한 조언이 될 것이다. 위대한 교육자 마카렌코는 이렇게 말했다.

"부모들은 아이가 성을 부끄럽거나 은밀한 것으로 보지 않게끔 미리 준비를 잘해야 한다고 생각한다. 그래서 아직 아이들이 어릴 때 성의 신비를 아이들에게 가르치고 출산 과정을 설명하려 한다. 이들은 황새가 아이를 물어다 준다든가 하는 허구적인 이야기로 아이들을 속이는 '무지한 사람들'에게 강한 반감을 표시한다. 성에 관한 모든 것을 설명하고 분석해 주면 아이는 성을 부끄럽게 여기지 않고 제대로 된 성교육을 받을 수 있다고 가정하는 것이다.

…… 아이들이 이 주제에 관해 우연히 질문을 던지는 기회를 이용해서 '출생의 비밀'을 알고 싶어 하는 아이들 '욕구'를 충족시켜 줘야 할 시기가 반드시 정해져 있지는 않다. 아이들이 그런 질문을 던진다고 해서 성에 대해 구체적인 호기심이 있다는 뜻은 아니고, 이런 사실을 알려 주는 것을 미루더라도 아이에게 나쁜 영향을 끼치지는 않을 것이다. 어른이 재치 있게 웃으면서 유머를 곁들여 아이의 관심을 다른 데로 돌린다면 아이는 자기가 뭘 물어봤는지도 잊어버리고 곧 다른 것에 정신이 팔릴 것이다. 그러나 남녀 간의 성관계를 지나치게 직접적으로 아이에게 설명해 준다면 성에 대한 호기심을 한층 강화시키고 너무 일찍 상상력을 자극하게 된다. 어른이 들려주는 이런 지식은 아이한테 아직 필요하지 않은 것이며 아무 쓸모가 없지만 덕분에 상상력이 자극되어 나이에 맞지 않는 실험이나 경험을 하게 될 수도 있다.

…… 아이에게 성에 관한 문제를 너무 일찍 설명해 주면 안 되는 이유가 또 있다. 성에 관한 사실을 너무 일찍 터놓고 이야기하면 아이는 성에 대해 노골적이고 이성주의적인 관점을 갖게 되고 그러다 보면 성에 대해 냉소적으로 될 수 있다. 어른들이 자신이 겪은 아주 개인적인 성경험에 대해 가볍게 다른 사람들에게 이야기하는 것은

이런 냉소주의에서 나온 행동이다."[4]

앞에서 살펴봤듯이 아이들은 어른이 알려 준 정보 중에서 받아들일 준비가 되어 있지 않은 것은 거부한다. 마치 어른들이 준 정신적 양식이 필요하지 않다는 것을 확신이라도 시켜 주듯이 이런 정보를 의식에서 완전히 제거해 버린다.

톨랴 보진스키의 어머니가 들려준 이야기다.

"톨랴에게 임신에 대해 설명해 주었어요. 동생 티노치카가 태어났을 때 동생이 어떻게 배 속에서 나왔는지 자세히 설명해 주었죠. 그리고 얼마 지난 뒤에는 또 황새가 아기를 물어다 준다는 옛날이야기를 들려주었어요. 그 뒤로는 동생이 어떻게 태어났냐고 누가 물으면 톨랴는 자신만만하게 이렇게 대답해요.

'황새가 물어다 줬어.'

황새가 동생을 물어다 줬다고 얘기한 적은 한번도 없는데도요."

손님들이 놀러 와서 세 살 난 볼랴를 보고 어머니에게 이렇게 물었다.

"볼랴 눈은 누구 눈이야?(누굴 닮았어?)"

"아빠지."

'그럼 아빠는 눈이 없겠구나' 볼랴는 이렇게 생각하고는 금세 이런 가설을 만들어 냈다.

"내가 태어나기 전에는 아빠한테 눈이 여러 개 있었어. 작은 눈도 있고 큰 눈도 있고. 근데 엄마가 나를 사 오니까 아빠가 큰 눈은 날

주고 작은 눈만 가지게 된 거야."

아이들은 이런 문제를 얼마나 손쉽게 해결해 버리는지! 이런 생각은 아이가 놀 때 중얼거리는 '즉흥시'처럼, 순전히 즉흥적으로 만들어 낸 것이다. 아이와 이야기 나누는 사람도 예상하지 못한 것이지만 아이 자신한테도 즉흥적으로 떠오른 것이다. 아이는 바로 조금 전에만 해도 자기가 무슨 말을 하게 될지 모르고 있었지만 말을 할 때는 자기가 만들어 낸 생각이 사실인지 아닌지 전혀 의심하지 않고 확신에 차서 단호하게 말한다.

그렇지만 이렇게 만들이 낸 생각은 순간 떠오른 것일 뿐 그것을 바탕으로 생각이 발전하지는 않는다. 일 분도 채 되지 않아 아이는 상반되는 생각을 표현하기도 한다. 아이는 여러 가지 생각을 하면서 놀이를 하고 있기 때문이다. 우연히 동물이 새끼 낳는 것을 보더라도 아이는 그게 어떻게 된 일인지 환상적인 방식으로 설명할 수 있다.

V. I. 카찰로프 씨가 들려준 이야기다. 카찰로프의 아들과 그 친구 미탸는 막 새끼를 낳으려 하는 고양이를 봤다. 두 아이는 새끼가 어디에서 나오는지 몰랐다. 미탸는 고양이의 귀를 들여다보더니 이렇게 말했다.

"이제 금방 나올 거야. 벌써 발이 보여."

"우리 엄마는 나한테 동생을 사다 주려고 모스크바에 갔어."
"소련에서는 아이를 안 팔아. 미국에서만 팔지."

"미국에서도 안 팔아. 아기는 원숭이가 낳는 거야."

"우리 엄마도 원숭이였어요? …… 유치원 선생님도요?"

다윈의 진화론에 관해 아래처럼 과학적인 토론을 했다.
니나가 할머니에게 물었다.
"할머니, 할머니는 옛날에 원숭이였어?"
"아니."
"그럼 할머니의 엄마는?"
"당연히 아니지."
"그럼 누가 원숭이였어? 할아버지가?"
"얘가 무슨 소리를 하는 거니? 할아버지도 아냐."
"아, 그래. 그럼 모스크바에 사는 외할머니가 원숭이였나 보다."

아이의 머릿속에 이런 혼란을 불어넣은 사람은 바로 아직 채 성숙하지 않은 아이들 머릿속에 복잡하고 이해하기 힘든 지식을 성급하게 집어넣은 어른들이다. 어린아이는 인간이 진화하려면 수백만 년이라는 시간이 걸린다는 것을 이해할 수 없다. 아이의 시간 개념은 얼마 되지 않는 아동기의 경험에 국한되어 있다. 그렇기 때문에 아이에게 학술적 지식을 전달하려고 아무리 공을 들여 보았자 혼란만 불러 일으킬 뿐이다. 또 다른 예로, 아버지가 동물의 진화에 대해 설명해 주자 여섯 살 난 콜랴는 자기 방식으로 그것을 이해해서 유치원 친구들에게 알려 주었다.

"우리 할아버지는 옛날에 원숭이였어. 근데 열심히 해서 사람이 됐어. 그리고 할아버지가 우리 아빠를 낳고, 우리 아빠는 날 낳은 거야."

'두 살에서 다섯 살까지'의 아이에게는 인류의 삶은 최대한 멀리 보아 봤자 할아버지 때부터 시작된 것이다.

이제 어린아이들이 죽음이라는 사실과 개념에 어떻게 반응하는지 이야기하려고 한다. 그런데 그 전에 서문 대신 아이의 영혼에서 가장 눈부신 특성 하나를 강조하고 싶다. 그건 바로 낙관주의다. '두 살에서 다섯 살까지'의 아이들은 삶은 오직 즐거움과 끝없는 행복을 위한 것이라고 믿는다(혹은 믿고 싶어 한다). 이런 믿음은 아이의 심리가 정상으로 발달하는 데 가장 중요한 조건이 된다. 세계의 지적 유산을 익히는 엄청난 과업은 아이가 주변 세계에 만족감을 느낄 때에만 이룰 수 있는 것이다. 이런 만족감이 살면서 아무리 힘든 일이 있더라도 행복한 삶을 위해 계속 싸워나갈 수 있게 하는 동력이자 자극제가 된다. 골결핵(뼈와 관절에 결핵균이 들어가서 염증을 일으킨 상태-옮긴이) 병동을 한번 방문해 보라. 몇 년째 병원 생활을 하고 있는 어린아이들이 해마다 아프고 힘들면서도 살아 있는 것을 행복하게 느끼는 모습을 볼 수 있다. 어른이라면 절망에 빠져 결코 그러지 못할 것이다.

T. 하베가 연출한 연극 《주인들의 도시》가 모스크바 어린이 극장에서 상연된 적이 있었다. 좀 큰 아이들을 대상으로 한 연극이었는데

우리 손자가 어쩌다가 연극을 보러 가게 되었다. 아이는 한동안 열심히 집중해서 연극을 보더니 갑자기 눈을 꼭 감고 손으로 눈을 가리고는 이렇게 말했다.

"더 이상 안 볼 거야. 행복한 부분이 나오면 말해 줘."

선하고 정직한 주인공 곱추 카라콜이 적의 손에 들어갔고 교활한 악당이 자기가 곱추에게 준 반지를 그가 훔친 것이라고 거짓으로 고발하는 장면에서였다. 악하고 거짓된 무리가 용감하고 정직한 사람에게 이기는 내용을 다섯 살짜리 아이는 도무지 받아들일 수가 없어서 그 괴로운 이야기 전체를 머릿속에서 몰아내려 했다. 손자는 카라콜이 불행을 겪은 뒤에 다시 행복해졌다는 것을 확인하고 나서야 눈에서 손을 뗐다.

왜 아이들은 이야기에 나오는 인물의 운명에 마음 아파하는 걸까? 왜 주인공이 어려움에 빠지면 눈물을 흘리며 슬퍼하고, 주인공이 잘 되고 이기면 행복해하는 것일까? 그 이유는 무엇보다도 아이들이 그 인물과 자기를 동일시할 수 있기 때문인 것 같다. 내 손자가 카라콜이 겪게 된 고통을 보지 않으려고 눈을 감은 것은, 자신을 카라콜과 동일시해서 자기 마음이 아프고 괴로웠기 때문에 그랬을 것이다. 그리고 아이들이 보는 이야기에 나오는 주인공은 예외 없이 용감하고, 자기를 희생하고, 고결하고, 악이나 어두운 무리와 맞서 선이 이기도록 싸우는 인물이기 때문에 아이들은 자기도 선이 이기도록 싸움에 참여하고 있다고 느낀다. 그래서 세상에서 악이나 어두운 무리가 선한 무리를 밀어내는 것을 보게 되면 그렇게 고통스러운 것이다. 이런 순간에 아이들은 눈을 질끈 감아 마음의 평화를 되찾으려고 애쓴다.

A. N. 로빈손 씨가 편지로 이런 이야기를 들려줬다.

"우리 집안의 보물 중에 《타티아나 할머니 이야기》라는 오래된 책이 있습니다. 반세기가 넘는 세월 동안 세 세대의 아이들(우리 아버지와 삼촌들, 나, 우리 아이들)이 이 책을 읽었는데, 내용을 이미 알고 있으므로 다들 작은 수탉이 죽는 부분하고 어린 회색 염소가 죽는 부분은 건너뛰었습니다(책장을 빨리 넘겨 버렸습니다)."

〈곰 세 마리〉라는 유명한 이야기는 여자아이가 숲에서 길을 잃고 곰이 사는 오두막에 들어가서 아기 곰의 의자를 부숴뜨리고 아기 곰의 수프를 먹어 버리는 이야기다. 여자아이가 아직 오두막에 있을 때 곰들이 돌아와 화가 나서 여자아이에게 겁을 준다.

보바는 이 이야기를 싫어해서 불쾌한 부분은 모두 마음에서 지워 버렸다. 이렇게 보바가 만들어 낸 이야기에서 주인공은 여자아이가 아니라 보바 자신이다. 보바가 숲에서 길을 잃고 곰이 사는 오두막을 발견한다. 보바는 가구는 하나도 망가뜨리지 않고, 수프를 먹어 버리지만 바로 부엌에 가서 수프를 더 맛있게 더 많이 만든다. 곰들은 무척 친절해서 보바에게 꿀과 사과를 주고, 크리스마스 트리와 선물도 주고, 총 쏘는 법도 가르쳐 준다. 다시 말해, 아이는 슬픈 부분과 재미난 부분이 있는 이야기를 듣고는 원본을 바탕으로 주인공이 실패하는 부분은 다 빼 버리고 재미나고, 주인공이 성공하는 부분만 남긴 것이다.

알리크 바베니셰프라는 아이는 긍정적인 세계관을 추구하려는 의지를 누구보다도 더 확고하고 실질적으로 표현했다. 아이의 어머니가 들려준 이야기다.

"알리크는 책을 무척 좋아해요. 특히 부라티노 이야기를 좋아해서 제가 직장에서 돌아오면 날마다 이렇게 조르지요.

'《황금 열쇠》이야기 읽어 줘.'

어느 날은 책장 한 장이 뜯겨 나간 걸 보았어요. 서툰 솜씨로 뜯어 끄트머리가 들쭉날쭉하게 남아 있었어요.

'이거 누가 찢었어?'

제가 물었습니다.

알리크는 고개를 돌리며 솔직하게 말했어요.

'내가.'

'왜?'

'다시는 말베나에게 망신 주지 말라고.'

누가 말베나에게 망신 주었는지는 기억나지 않지만 여하튼 말베나가 망신을 당하는 그 페이지가 찢겨 나간 거였어요."

아이들은 대개 동화책에 슬픈 내용이 나오는 걸 아주 싫어한다. 누가 도와주지 않더라도 아이들은 놀라운 재주를 발휘해 행복한 환상을 만들어 내고 그 행복이 무너지지 않을까 도끼눈을 뜨고 감시한다.

사람이 모두 행복해지기를 바라는 열망은 특히 아이들이 이야기를 들을 때 뚜렷이 나타난다. 아이들에게 악에 맞서 싸우는 착하고, 용감하고, 고귀한 주인공이 나오는 이야기를 들려주면 아이들은 언제나 주인공과 자신을 동일시한다. 이야기 속의 상황을 하나하나 간접적으로 경험하면서 아이들은 자기가 정의의 투사라도 된 것처럼 생각하며, 주인공이 악하고 간사한 무리를 누르고 이기기를 열렬하게 바란다. 바로 여기에 이야기의 교육적 가치가 있다. 일시적으로라도 주인공이 불행을 겪으면 아이들은 그것을 자기 자신의 불행인 양 느낀다. 이렇게 하면서 아이들은 다른 사람의 슬픔과 기쁨에 공감할 수 있게 되는 것이다. 악당들이 주인공을 공격하거나, 마녀가 주인공을 쥐나 도마뱀으로 변신시키면 아이들은 괴로워하며 주인공이 힘든 운명에서 빨리 벗어나 끝없는 행복을 다시 찾기를 끈질기게 바란다.

여덟 살짜리 시월단* 단원이 한 말이다.

"나 〈차파예프〉** 보러 열 번이나 갔는데 영화 끝날 때마다 차파예프가 물에 빠져 죽어. 아빠랑 같이 보러 가 볼까?"

아이는 차파예프가 죽은 것은 영화 제작자가 실수해서 그런 것이고, 자기 아버지가 이런 실수를 어떻게 해서든 바로잡아 주인공 차파예프가 죽지 않게 해 줄 거라고 믿고 싶은 것이다. 모든 사람한테 추앙받는 영웅에 관한 영화가 비극으로 끝나는 것은 자연스럽지 않으므로 틀림없이 영화 제작자가 실수한 것이라고 아이는 생각한다. 아이가 소중히 여기는 인물은 반드시 성공해야 하며, 무슨 일이 있어도 죽어서는 안 되는 것이다. 그것은 아이가 그 인물과 스스로를 동일시

---

* 시월단은 소련의 전국적인 어린이 조직으로 1917년 10월 혁명에서 유래한 명칭이다. (영문판 주)
** 〈차파예프〉는 10월 혁명의 영웅을 주인공으로 한 소련 영화이다. (영문판 주)

하기 때문이다.

이와 비슷하게 세 살 난 남자아이 둘이서 방금 들은 〈빨간 두건〉 이야기를 개작해 만들어 낸 이야기가 무척 인상 깊다.

안드레이카는 이야기를 듣고 바로 삽화를 하나 그렸다. 찌그러진 버섯 비슷한 것을 그리고 식구들에게 이렇게 설명했다.

"이건 바위야. 할머니가 바위 뒤에 숨었어. 늑대가 할머니를 못 찾아서 못 잡아먹었어."

다른 한 아이, 니키타는 이야기에서 슬프고 무섭게 느껴지는 것은 모조리 빼어 버림으로써 세상은 정말 행복한 곳이라고 다시 한 번 믿게 되었다. 그래서 무척 짧지만 마음을 편하게 해 주는 이야기가 만들어졌다. 니키타가 들려준 이야기는 다음과 같다.

"옛날 옛날에 빨간 두건이 살았습니다. 빨간 두건이 가서 문을 열었습니다. 끝. 그 다음은 몰라!"

"늑대는?"

"늑대는 필요 없어. 무서워."

'늑대는 필요 없다'니! 무섭거나 힘든 것은 어떤 것도 받아들일 수 없는 이런 낙관주의자가 죽음이라는 비극적인 사건을 어떻게 의식 속에 담겠는가? 자기가 죽는 것은 말할 것도 없고 다른 사람이 죽는 것도 마찬가지다.

아이들에게 죽음에 대해 알려 주어야겠다는 생각이 든다면, 아이들은 끊임없이 행복을 추구하기 때문에 이 사실을 자기가 만들어 낸 신화로 바로 대체할 것임을 알아 두길 바란다.

네 살 난 바샤 쿠타니안은 의심스럽다는 듯이 엄마에게 물었다.
"엄마, 사람은 다 죽어?"
"그래."
"우리도?"
"우리도 죽지."
"거짓말. 거짓말이야."
바샤가 어찌나 서글프고 격렬하게 우는지 엄마는 놀라서 거짓말이었다며 바샤를 달랬다. 아이는 금세 울음을 그쳤다.
"거짓말이었지? 나도 다 알아. 우리가 처음에는 다 노인이 되고 그 다음에는 다시 어린아이가 되는 거잖아."
이렇게 해서 아이는 정신력으로 낙천성을 회복했다.

이와 관련해 체호프가 쓴 단편 〈초원〉에 나오는 에고루시카가 생각난다.
"그는 자기 어머니, 크리스토퍼, 다르니츠카야 공작 부인, 솔로몬이 죽은 것을 상상했다. 그렇지만 자기가 멀리 어두컴컴한 무덤 속에 버려져 혼자 무기력하게 죽어 있는 것은 아무리 상상하려고 애써도 되지 않았다. 자기가 죽을 수 있다는 사실을 도무지 인정할 수가 없었고 자기는 절대 죽지 않을 것 같았다.……"

낙천성은 아이에게 숨을 쉬게 하는 공기나 마찬가지로 반드시 필요한 것이다. 그러니 죽음에 대한 생각은 아이의 낙천성에 무엇보다도 타격을 크게 입힐 수밖에 없다. 그렇지만, 앞서 본 것과 같이 아이는 이런 슬픔에서 자신을 놀랄 만큼 멋지게 보호한다. 아이의 머릿속 무기고 안에는 소중한 낙관주의를 지켜 내기 위한 수단이 넉넉하게 마련되어 있다. 네 살쯤 되어, 생물은 모두 죽을 수밖에 없다는 것을 확실히 알게 되면 아이는 곧바로 자기는 영원히 죽지 않을 것이라고 생각하며 스스로를 안심시킨다.

네 살 반 된, 눈이 동그란 아이가 버스 창밖으로 장례 행렬을 보고는 차분한 목소리로 이렇게 말했다.

"사람들은 다 죽지만 난 안 죽을 거야."

베라 파노바가 쓴 소설 《세료자》를 보면 영원히 살기 바라는 아이의 마음이 멋지게 표현되어 있다(소련과 미국의 교환 영화 가운데 하나인 〈추억의 여름〉이라는 영화는 이 소설을 원작으로 한 것이다).

"정말 우리는 다 죽어요?"

여섯 살 난 세료자가 어른들에게 물었다.

어른들은 세료자가 점잖지 못한 질문이라도 한 듯 당황했다. 그러나 세료자는 어른들을 빤히 보며 대답을 기다렸다.

코로스텔레프(세료자와 사이가 아주 좋은 새아버지)가 대답했다.

"아니, 우린 죽지 않아. 토샤 고모(토샤 고모는 나이가 아주 많은 할머니다)는 또 몰라도……. 우린 죽지 않아. 특히 너는 절대 죽지 않을 거야. 아빠가 약속해."

"나는 안 죽어?"

세료자가 되물었다.

"절대!"

코로스텔레프는 힘을 주어 밝은 목소리로 다짐했다.

그러자 세료자는 금세 마음이 가벼워지고 밝아졌다. 행복해서 뺨이 붉게 물들고 웃음이 터져 나왔다. 세료자는 갑자기 너무나 목이 말랐다. 이야기를 나누기 전부터 목이 말랐지만 어째서인지 잊어버리고 있었던 것이다. 이제 세료자는 물을 마시고 또 마셨다. 꿀딱꿀딱 마시는 중간 중간 기뻐서 크게 숨을 내쉬었다. 그는 방금 새아빠가 한 말이 사실이 아니라고는 전혀 의심하지 않았다. 자기가 죽을 거라는 것을 안다면 어떻게 살아갈 수가 있겠는가? 세료자가 그 나이에 "너는 죽지 않을 거야!" 하는 말을 어떻게 믿지 않을 수가 있겠는가?

네 살짜리 안카가 물었다.

"엄마, 사람들은 다 죽을 거잖아. 그래도 마지막 사람이 죽으면 그 재를 상자에 넣어야 하잖아? 내가 그거 할게! 어때?"

아이들이 죽음에 대한 생각을 머릿속에서 몰아내는 방식은 참으로 영리하고 다양하며 감동스럽다. 낙천성을 계속해서 다시 만들어 내는 것은 아이들 삶에서 중요한 법칙 중 하나다.

토토치카 하리톤은 보모가 이런 노래를 부르는 것을 들었다.

"내 무덤이 어디 있는지

아무도 알지 못하리."

토토치카도 노래를 따라 부르기 시작했다.

"네 무덤이 어디 있는지
아무도 알지 못하리."

보모가 틀린 데를 고쳐 주었다.
"그게 아니라, '내 무덤이 어디 있는지'라고 해야지."
"내가 방금 그렇게 불렀잖아. '네 무덤이 어디 있는지'"
아이들은 죽은 사람도 살아 있는 것처럼 생각한다.
L. M. 니콜라옌코 씨는 세 살 난 딸 마리나를 공동묘지에 데려가, 아이의 할머니 무덤 가에 조그만 단풍나무를 심었다. 집에 돌아와서 마리나는 이렇게 선언했다.
"나 리다 할머니 만났어!"
"무슨 소리니? 우린 무덤에 갔다 온 거잖아."
"아니야, 할머니 봤다니깐. 엄마가 나무 심으려고 땅을 팠을 때 구멍으로 할머니가 어떻게 생겼는지 봤어."

다섯 살짜리 여자아이가 어머니와 공동묘지에 갔다. 그때 술 취한 사람이 수풀가에서 비틀비틀 걷는 게 보였다.
"저 아저씨는 지금 막 무덤에서 나온 거야?"

아이가 물었다.

베로사예프는 이런 이야기를 적어 보내 주었다.
"엄마, 있잖아. 사람은 항상 똑같은 사람인 것 같아. 살다가, 계속 살다가 죽잖아. 그럼 땅에 묻혀. 그리고 다시 태어나는 거야."
"그건 말이 안 되는데. 생각해 봐. 어떻게 그럴 수가 있겠니? 어른을 땅에 묻는데 다시 아기로 태어난다고?"
"왜 안 돼? 콩도 그렇잖아. 콩줄기는 아주 크잖아. 나보다도 더 커. 근데 콩이 땅속에 들어가서 다시 크게 자라잖아."

몇 년 뒤에 나는 세 살짜리 아이가 비슷한 가설을 내놓는 것을 들었다.
"늙은 사람을 땅에 묻으면, 그러니까 땅에 심으면 꽃이 피듯이 어린아이들이 자라나."

아주 어린아이들은 죽음을 아주 즐거운 것으로 받아들이기도 한다. 볼리크는 죽은 사람에 대해 이렇게 질문했다.
"그 아저씨 죽어서 뭐 타고 갔어?"
"너도 아저씨 관에 넣는 거 봤잖아."
"상자를 타고 달리는 거랑 비슷할 거야. 그렇지?"

"엄마, 난 사관학교에 가고 싶어. 그러면 장례식에서 음악을 연주하고 관 위에 모자를 올려놓잖아."

슈라 삼촌이 죽어 장례식하는 날이 되었다.
"오늘 음악 연주해?"
"아니, 삼촌은 군인이 아니라서."
"아빠는? 아빠는 군인이야?"
"아니."
"가가 삼촌은? 군인이야?"
"아니. 그건 왜 물어?"
"음악 듣고 싶어서."

아이들이 자라면서 자기나 식구들이 죽지 않았으면 하는 자기중심적인 생각은 모든 인간이 죽지 않았으면 하는 생각으로 바뀌어 간다. 우크라이나의 학자 N. N. 그리시코가 자기 식구들이 나눈 이야기를 들려주었다.
"엄마, 나도 죽어?"
아홉 살 난 여자아이가 물었다.
"그래."
"금방?"
"백 년쯤 뒤에."
여자아이는 훌쩍이며 이렇게 말했다.
"엄마, 난 죽기 싫어. 천 년 동안 살고 싶어."

잠시 후, 아이는 다시 말을 이었다.

"엄마, 있잖아. 나 공부 되게 열심히 해서 점수도 잘 받을 거야. 열심히 공부해서 박사가 되어서 사람이 끝까지 안 죽는 약을 만들 거야."

"그건 안 될 거야."

"알았어. 그러면 적어도 백 년 동안은 살 수 있게 해야지. 반드시 그런 약을 만들 거야."

이 이야기가 특히 재미있고 관심을 끄는 까닭은 자기중심적인 어린아이 생각이 인류 전체를 위한 깊은 고민으로 바뀌는 것을 보여 주기 때문이다.

다섯 살 난 리알랴 츠베이베르크가 말했다.

"봐! 저 어른들 좀 봐. 장례식을 하느라 저렇게 난리야. 물론 난 하나도 안 겁나. 하지만 저건 정말 슬프다. 땅에 묻고 또 묻고 사람을 저렇게 묻잖아. 가서 민병대에 알리자. 죽은 사람들이 불쌍하잖아!"

또 다른 다섯 살짜리 아이 사셴카도 비슷한 감정을 드러냈다.

"왜 사람은 죽어? …… 죽은 사람이 불쌍해. 사람은 다 불쌍해. 모르는 사람도. 왜 죽어야 하지?"(F. 비그도로바가 쓴 1946년 12월 23일 일기에서)

다섯 살 미샤는 아는 사람이 죽었다는 말을 듣고 이렇게 말했다.

"죽는 건 아주 나쁜 거야. 영원히 죽는 거니까!"

알리크 바베니셰프는 자기 엄마가 죽는 것을 미룰 수 있는 좋은 방법을 생각해 냈다.

"엄마, 이제 알았어! 엄마는 아침저녁으로 요구르트를 먹어. 나는 요구르트 안 먹을게. 그러면 우리 둘이 같이 죽을 수 있어."

이 아이는 라디오에서 '장수'에 대한 강의를 들었는데, 거기에서 요구르트가 건강과 장수에 효과가 있다고 강조한 것이다.

화가 코나셰비치는 자기 손녀 알레누시카 이야기를 글로 남겼다.

"손녀는 자기가 어른이 돼서 늙어 죽는 것을 방지하는 약을 만들 때까지 죽지 말라고 제 할머니와 나를 설득하려 했다. '죽음이라는 게 있어서는 안 되기 때문'이란다."

사회 변화와 아이들이 쓰는 언어

앞에서 이야기했듯이 나는 아이들이 하는 말과 표현을 거의 40년 전부터 모으기 시작했다. 그러다 보니 내가 모은 자료에서 한 가지 아주 중요한 공통점을 발견할 수 있었다. 아이들이 하는 말과 표현에는 비슷하거나 반복되는 것이 많아, 말하자면 어떤 유형이 있다. 우리 증손녀가 단어를 만들어 내는 걸 보면 우리 아이들이나, 손자들이 하던 것과 같은 경향을 띤다. 단어 창작뿐 아니라 정신 활동 전체가 비슷하게 전개된다.

이 세 세대의 아이들을 나는 오랫동안 가까이에서 관찰할 수 있었는데, 다들 같은 나이에 주위에서 관찰한 비슷한 현상을 두고 똑같이 인과관계를 설명하고는 했다. 독자들이 보내 준 편지에서도 독자들이 관찰한 것과 내 경험이 비슷하다는 것을 알 수 있었다. 예를 들어, 사람의 조상이 유인원이라는 말을 어른들한테 듣고 유인원이 자기 할아버지라고 추론한 아이가 소련 방방곡곡에 살고 있다. 마찬가지로 서너 살 난 아이들이 엄마는 딸을 낳고 아빠는 아들을 낳는다고 가정하는 것을 흔히 들을 수 있다. 또한, 세대는 달라도 아이들이 만들어 내는 단어는 비슷하다. 아이들이 언어를 익히는 지적 과정은 서로 멀리 떨어진 지역에서도 마찬가지고 똑같은 결과(그리고 똑같은 실수)를 낳는 것이다.

그러나, 아이들이 속한 사회에 따라 아이가 생각하고 판단하는 것은 크게 다를 수 있다.

네 살 난 미샤 유로프가 병원에서 퇴원할 때 간호사가 작별 인사를 하며 이렇게 물었다.

"미샤, 넌 '모스크비치(모스크바 사람이라는 뜻이고 자동차 상표이기도 하다—옮긴이)'니?"

"아뇨, 전 '포베다(‘승리’라는 뜻으로 자동차 상표—옮긴이)'예요."

이 남자아이가 대답하는 것을 보면 대부분 남자아이들이 그렇듯이 아이들에게는 '모스크비치'라는 단어가 '포베다'처럼 자동차 이름으로 먼저 떠오른다는 것을 알 수 있다.

세 살 난 남자아이가 시내에서 걷다가 길가에 말이 한 마리 서 있는 것을 봤다.

"저 말은 전기가 나가서 저렇게 서 있나 봐!"

아이가 이렇게 말하는 데서 전동차, 전철 같은 말을 말(馬)이라는 말보다 더 잘 알고 친숙하게 여기는 새로운 세대의 아이들이 우리 곁에 있다는 것을 깨달을 수 있다.

얼마 전까지만 해도 아이들이 기계에 사람이나 동물의 특성을 부여하고는 했다.

"엄마, 저 버스는 얼굴이 빨개!"

그렇지만 지금은 전기 제품으로 온통 둘러싸여 있어 말에도 전기를 연결시키는 것이다.

여자아이 하나가 동물원에서 난생 처음 코끼리를 봤다. 아이는 코끼리 코를 보고 이렇게 말했다.

"저건 코끼리 아니야. 방독면이야."

얼마 전까지만 해도 아이들은 방독면이 코끼리를 닮았다고 생각했는데 지금은 그 반대로 코끼리가 방독면을 닮았다고 생각한다.

두 살짜리 아이가 뜀박질하다가 신발 끈이 풀리자 풀밭에 앉아 끈을 매면서 이렇게 말했다.

"모토 고당······."

아마 틀림없이 '모터 고장'이라고 말했을 것이다. 정확하게 발음하는 법을 익히기도 전에 아이는 자기가 신는 조그만 신발에 공학 용어를 적용할 줄 안다.

키카가 관장하러 갔다. 키카는 이렇게 명령을 내렸다.
"삽입!"
그러고는,
"분리, 분리!"

"아, 엄마 되게 예쁘다. 새 차 같아!"

내가 지은 시 〈바퀴벌레〉에는 이런 구절이 있다.

  작은 토끼들이 전차를 타고,
  두꺼비가 빗자루(metle)를 타고…….

한 어머니가 네 살 난 아들 미샤가 이 구절을 이렇게 읽었다고 알려주었다.

  작은 토끼들이 전차를 타고,
  두꺼비가 지하철(metro)을 타고…….

아이는 이렇게 교통수단을 현대화했다.
비슷한 시기에 극작가 I. V. 시토크한테서 편지를 받았는데, 그 사람 딸 이카도 그 시를 비슷하게 개작했다고 한다.
요즘 아이들은 물건의 색깔도 기계와 연관시킨다. 레닌그라드에 사는 어떤 분이 보내 준 편지를 보면, 다섯 살 난 남자아이가 책에서 '여름'이라는 단어가 빨간색, 파란색, 검정색 글씨로 세 번 인쇄된 것을 보고 이렇게 말했다고 한다.

"이 여름은 불자동차, 이 여름은 양수기, 이 여름은 화물차."

요즘 아이들은 옛날이야기에도 첨단 기술을 끌어넣는다. 다섯 살 난 아이가 바바야가 이야기를 듣고 그림을 그렸는데 닭의 다리가 달린 집을 그리고(마녀 바바야가가 사는 집은 숲 속에 있고 커다란 닭의 다리 위에서 빙빙 돌고 있다고 한다―옮긴이) 지붕 위에는 커다란 안테나를 덧붙였다.

"바바야가도 라디오를 들을 거 아냐!"

일루샤 로자노프(22개월 된 아이)는 폭풍우 치는 모습을 처음 봤다.

"할머니, 예포(의식에서 경의나 조의를 나타내기 위해 쏘는 공포―옮긴이) 쏜다!"

이 아이에게 쟁기를 끄는 말 사진을 보여 주었다.

"이게 뭐야?"

말이 밭을 간다고 설명해 주었다.

"그럼…… 말이 트랙터야?"

아이는 믿을 수 없다는 듯이 되물었다.

한 여자아이가 엄마랑 기차 여행을 하고 있었는데 아이 엄마가 무척 말이 많은 사람이라 다른 승객들과 끝도 없이 수다를 떨었다. 아이는 엄마가 자기에게 신경을 쓰지 않자 결국 손으로 엄마 입을 막고 이렇게 말했다.

"엄마, 라디오 좀 꺼!"

이 예도 30년 전에 아이들이 하던 말과는 정반대다. 그때는 라디오를 사람 입에 비유하고는 했지 그 반대로는 생각하지 않았다.

네 살 난 안톤 이바노프는 신기술과 연관이 없는 것은 재미없고 아주 지루하기 짝이 없는 것이라고 생각했다. 누가 무슨 이야기를 읽어 주어도 멍하니 마지못해 듣거나 아니면 아예 듣지를 않았다. 그러나 라디오나 발전기, 혹은 집에서 늘 쓰는 전구에 대한 것이라도 기계에 관한 이야기를 해 주면 아이는 둥근 뺨이 발갛게 물들고 신이 나서 방 안을 여기저기 뛰어다녔다. 그리고 말을 꺼낸 사람에게 수백 가지 질문을 쏟아 붓고 '어떻게 해서' '왜' '무엇 때문에' 같은 질문에 대한 답을 전부 얻기 전에는 얌전해지질 않았다.

이 아이가 하는 말은 기술 용어로 가득했다. 예를 들어 얼마 전에는 이렇게 말했다(아이가 말한 그대로 옮겨 적은 것이다).

"난 변압기도 쓰지 않고 22볼트 회로에 꽂은 120볼트 전구처럼 지쳤어."

아이의 식구는 기술하고는 거리가 먼 사람들이라 더욱 신기했다. 할아버지는 작가, 할머니는 번역가, 어머니는 언어학자, 아버지는 화가, 삼촌들은 문헌학자와 풍경화가였다.

"교회 문 닫았어."

"재고 조사하는 중이야?"

어떤 아이는 반달을 보고 '깨진 달'이라고 했다. 그런데 요즈음 들은 이야기인데, 전쟁 중에 세 살 반 된 아이 하나가 반달을 보고 이렇게 말했다고 한다.
"엄마, 엄마, 달이 폭격 맞았어!"

"하늘에 있는 별은 가짜야. 크리스마스에 다는 별처럼 빨갛지가 않잖아."

"우리가 낮일 때, 미국은 밤이야."
"그거 참 쌤통이다. 자본주의자들!"

의상실에서 일하는 남자가 몸이 안 좋아 직장에 못 나가겠다고 하자 딸이 이렇게 말했다.
"경제개발 5개년 계획은 어떡하고?"

여섯 살짜리 이고르가 엄마에게 말했다.
"엄마는 가장 예쁘고, 착하고, 평화를 사랑하는 사람이야."

한 남자아이에게 푸시킨이 쓴 《살탄 황제》 이야기를 읽어 주었다. 아이는 이야기에 푹 빠져 열심히 듣고 있더니, 갑자기 걱정되고 당황하는 기색을 보였다. 아이는 살탄 황제가 어떤 사람인지 알고 싶어 했다. 어떻게 보면 공감되는 인물인 것 같고, 어떻게 보면 마녀와 나쁜 무리들한테 영향을 너무 많이 받는 인물인 것 같았다. 아이는 이야기에 계속 끼어들어 자기가 이해할 수 없는 황제에 대해 물었다.

"그래도 괜찮은 거야? 황제는 착한 사람이야? 우리 같은 사람이야? 소련 국민처럼?"

이 이야기는 A. V. 자포로세츠 교수가 쓴 글에서 읽은 것이다.[5]

F. 비그도로바가 쓴 일기에서 열 살짜리 아이가 비슷한 반응을 보인 예를 찾아볼 수 있다. 비그도로바는 딸 갈랴와 십자 말 맞추기 놀이를 하고 있었는데 '유명한 소련 시인'의 이름을 빈칸에 넣어야 했다. 갈랴가 이렇게 말했다.

"네크라소프."*

"네크라소프는 소련 시인이 아닌데."

엄마가 반대했다.

"어떻게 소련 시인이 아닐 수 있어? 그렇게 훌륭한 시인인데?"

갈랴처럼 많은 아이들이 '소련'과 '훌륭하다'는 말을 동의어로 생각한다.

이런 애국심은 어린아이들뿐 아니라 좀 더 큰 아이들한테도 잘 발

---

* 니콜라이 네크라소프(1821-1877)는 유명한 러시아 시인으로 핍박받는 농노의 삶을 시로 썼다. 네크라소프가 쓴 시는 러시아 전역에서 널리 읽혔고 사람들이 즐겨 암송했다. 러시아에서 가장 존경받는 시인 가운데 한 사람이다. (영문판 주)

달되어 있다. 여기서 잠깐 또 이 책에서 다루는 나이 범위를 벗어나는 예를 들어 보겠다. 비그도로바가 쓴 일기에 일곱 살 난 사샤 이야기가 있다(1949년 12월 23일 일기).

"나한테 마법 지팡이가 있다면 제일 먼저 블라디미르 일리치(레닌)를 살려 낼 거야. 그 다음에는 갈랴의 아빠를 살려 내고, 옛날에 살았던 위대하고 훌륭한 사람을 모두 되살릴 거야. 그리고 마지막으로 마법 지팡이를 한 번 더 써서 온 세계를 공산국가로 만들어야지."

타냐는 처음으로 중국산 밤을 먹었다.
"중국 사람들은 정말 친절해."
타냐가 말했다.
"우리 나눠 먹으라고 밤송이마다 밤을 두 개씩, 어떤 밤송이에는 세 개씩도 넣어 놨잖아."

"이 개는 무슨 종이야?"
"독일 셰퍼드."
"이 개도 항복했어? 응?"

소련의 기본 가치와 기준이 이제는 모든 사람들 의식에 스며든 것 같다. 특히 아이들은 '머리끝에서 발끝까지' 무장되어 있는 듯하다. 아이가 어른을 앞에 두고 이런 규범을 가르치는 것을 이따금 볼 수 있다. 스베티크 구세프의 아버지가 아내에게 소리치고 있었다.

"명령하는 사람은 나야! 내 말대로 해!"

스베티크가 마치 독수리처럼 아버지에게 달려들었다.

"요즘 시대에는 그런 남편 없어요! 그런 남편은 필요 없어요! 아빠는 '지나간' 남편이에요."

물론 '지나간 시대의'라는 뜻으로 한 말이다.

"너희 아버지는 공산주의자니?"

"아니요! 어떻게 우리 아버지가 공산주의자일 수가 있겠어요? 날마다 엄마랑 싸우는데요."

일반적으로 많은 어린아이들이 나름대로 교권주의(敎權主義, 성직자의 정치적 권력, 영향력을 옹호하는 주의 - 옮긴이)에 대한 저항심을 갖는다.* 작가 루돌프 베르샤드스키가 들려준 이야기다.

"네 살짜리 딸에게 내가 어렸을 때 보모가 날마다 나를 교회에 데려갔다는 이야기를 한 적이 있어요. 딸아이는 갑자기 말을 막더니 믿을 수 없다는 듯 말했습니다.

'아빠, 아빠가 태어난 지 그렇게 오래됐어? 아직 신이 있을 때 태어났단 말야?'"

다음에 이야기할 예는 소련 아이들의 의식에 사회 공동소유라는

---

* 러시아제국 말기 니콜라이 2세 때 라스푸틴이라는 신부가 등장해 황제를 좌지우지하고 부정부패가 극에 달해 백성에게 원성을 샀다. 라스푸틴의 방종과 타락은 러시아 혁명이 일어난 원인 가운데 하나가 되었고 따라서 러시아 혁명은 반종교적인 형태로 전개되었다. (옮긴이 주)

개념이 얼마나 뿌리 깊이 박혀 있는지 보여 준다.

스베티크는 동물원에 가서 태어나서 처음으로 코끼리를 보았다. 스베티크는 코끼리를 찬찬히 뜯어보더니 마침내 물었다.

"저 코끼리는 누구 거야?"

"나라 거야."

"그러면 조금은 내 것도 된다는 말이네."

스베티크는 아주 만족스러운 표정으로 이렇게 말했다.

(국가와) 공동소유하는 것을 기뻐하는 마음은 큰 아이들에게서 먼저 관찰할 수 있었다. 이제는 취학 전 아이들에게서도 그런 모습을 볼 수 있다.

V. V. 마야콥스키가 이런 감정을 문학 작품으로 생생하게 표현했다. "이 거리도 내 것. 저 집들도 내 것.", "우리 소련 모스크바에 있는 우리 국회의원들", "우리 민병대가 나를 보호해 주지.……"(〈좋아!〉라는 시에서)

우리 시대에 아이들과 관련하여 가장 눈에 띄는 변화 가운데 하나는 사회 모든 분야에서 일하는 사람들이 아이들에게 쏟는 관심일 것이다. 전형적인 예로 나와 전혀 안면이 없는 어떤 기술자가 보낸 편지가 있었다.

"존경하는 추콥스키 동지! 아동문학가이신 동지에게 조언을 구하고자 편지를 씁니다. 아내가 아이 낳는 것을 오래 기다려 왔는데, 그 전에 아내와 저는 출생부터 서너 살까지 아이의 삶을 '연대기'로 쓰려고 마음먹었습니다. 아이가 성장해 가는 모습을 '글로 된' '사진'

으로 남기고 싶어서요. 아이의 감정, 말, 신체의 성장 따위를······.”

아이가 아직 태어나지도 않았는데 이 부모는 벌써 아이가 '앞으로' 어떤 감정을 갖고, 어떤 말과 행동을 할지 깊은 관심을 기울이고 애정을 쏟는다. 태어나지도 않은 아이의 정신 발달을 어찌나 중요하게 생각하는지 아이의 '연대기'를 작성할 준비가 다 되어 있다. 전문 작가에게 조언을 구할 정도로 이 일을 중요하게 생각하는 것이다.

이와 비슷한 또 다른 예가 있다. 동시작가 아그냐 리보브나 바르토가 젊은 부부에게서 받은 편지다.

"몇 살 때 아이에게 푸시킨을 읽어 주는 게 좋을까요? 마야콥스키는 몇 실 무렵에 읽어 주나요?"

바르토에게 편지를 보냈을 때 이 부부의 아이는 태어난 지 겨우 4개월되었다.

과거에는 사람들이 아동기에 대해 얼마나 무관심했는지 《악토 시체프킨의 수기》에 나오는 짤막하고 얄팍한 문장을 보면 짐작할 수 있을 것이다.

"모든(?!) 아이의 어린 시절이 그렇듯 아무 흥미 없는(?!) 나의 어린 시절이 시작되고 끝났다."

아이를 대하는 태도가 과거와 지금 얼마나 달라졌는지 설명하기 위해 오래전에 받은 편지 두 통을 소개한다.

첫 번째 것은 50여 년 전에 내가 어린아이들이 하는 말을 관찰하여 쓴 첫 번째 글을 신문에서 읽고 어느 귀부인이 대단히 화가 나서 쓴 편지다.

"어린아이들이 하는 말에 관심이 있다면 성서를 읽어 보시오. 성서를 보면 3천 년 전에 현명한 솔로몬이 아이들은 말하는 법을 모른다는 것을 어떻게 밝혔는지 알 수 있을 것이오. 나는 아이들을 많이 키워 봤으므로 아이들은 감정과 두뇌가 발달하지 않아 어른들이 하는 말을 따라 지껄이고 왜곡할 뿐이라는 것을 증명할 수 있소."

이 편지에는 추신이 붙어 있었다.

"당신은 달걀이 닭을 가르칠 수 없다는 기본 사실을 놓치고 있소."

마지막 문장에는 천 년이 넘게 지속되어 온, 어린아이를 무시하는 태도가 드러나 있다. 우리 시대에는 이제 이런 태도를 버려야 한다.

두 번째 편지는 내 글을 실은 신문사로 보낸 것이다.

"독자들은 물론 추콥스키가 쓴 〈아이들이 하는 말에 대하여〉라는 글을 크리스마스 때나 통용되는 농담거리로밖에 여기지 않을 겁니다. 그렇지만 농담이라는 것에도 한계가 있어야 하는 것이오. …… '열한 번째 베르스트(구소련의 거리 단위)에서 온 사람'이 쓴 글을 계속 싣는다면 머지않아 신문사가 망할 겁니다."

'열한 번째 베르스트'란 정신병원을 빗대어 하는 말이다.

그때만 해도 어린아이들이 하는 말을 연구한다는 것은 미친 짓으로 여겨졌다. 아이를 존중하는 마음을 드러내면 대중에게 비웃음거리가 되기 일쑤였다.

다음은 1930년대에 지방에 사는 학자에게서 받은 편지다.

"추콥스키 동지! 저는 어린이들, 미래의 사회주의 역군이 쓰는 표현을 기록하기로 결정했습니다. 이 일을 어떻게 하는 게 좋을지 알려 주시기 바랍니다. 당신이 도움말을 주시기를 기다리겠습니다. 스테판 로댜노프."

이 편지는 건조하고 사무적인 편지였다. 그렇지만 스테판 로댜노프는 아이들이 모국어를 익히는 방식이 문화적으로 중요하다고 확신했다. 아이들의 심리적, 정신적 경험을 존중하는 마음은 소련 문화의 다른 양상과 함께 그의 '피와 살'의 일부를 이룬다고 로댜노프는 믿는다. 그는 그저 스스로 떠맡은 이 어려운 작업을 어떻게 하면 최선을 다해 할 수 있는지 알고자 하는 것이다. 그가 이 일을 시작한 것은 어떤 감상에 이끌려서가 아니라 그것이 시민의 의무라고 믿기 때문이다. 그는 의무감이 정말 철저한 사람이다. 다음 편지에는 이렇게 적었다.

"소련 지방 정부에서 저를 문화 지도자로 임명했습니다. 이제 제 임기가 끝나기 전에 이 지역에 사는 성인의 문맹을 완전히 없애야겠습니다."

그는 타고난 교육자다. 그래서 그는 자연스럽게 아이들에게 관심을 기울이고 아이들이 언어 유산을 받아들일 수 있어야 한다고 생각하게 된 것이다.

옛날에 우리 작가들은 주로 어머니나 할머니들한테서 편지를 받았다. 지금은 미혼 여성, 독신남, 청소년처럼 전에는 아이들에게 무관심했던 사람들이 아이에 대해 쓴 편지를 보낸다. 이제는 어머니들뿐 아니라 전국에 사는 수백만 사람들 마음에서 아이들을 사랑하는 마음을 느낄 수 있다.

십여 통씩 집으로 날아오는 편지 가운데 전형적인 것 하나를 소개하겠다.

"저는 레닌그라드 기술학교 학생입니다. 저는 교육자도, 아이가 있는 아버지도 아니어서 아이들 세계와는 멀리 떨어져 있습니다. 그렇지만……."

다음 예는 '아이들 세계'에 매혹되는 심정을 (절제하여 소심하게) 표현한 전형적인 예다. 나타샤 니콜류키나라는 학생이 쓴 편지다.

"여섯 주가 지나면 사라토프 10년제 학교를 졸업합니다. 저는 형제자매가 없습니다만……."

비슷한 고백이 이어진다.

모스크바에 사는 한 학생이 보낸 편지다.

"저는 아이들이 너무 좋아요. 영리하거나 둔하거나 예쁘거나 못생겼거나요. 저는 아이들을 다정하게 대하고 아이들이 하는 말과 행동을 보면 좋아 어쩔 줄을 몰라요. 아이들을 더 잘 알고 이해하고 싶어요. 어떻게 하면 아이들을 더 사랑할 수 있을지 배울 필요는 없지만요.…… 나중에 어린 환자들을 다정하고 부드럽게 관심을 갖고 돌보는 소아과 의사가 되고 싶어요."

아이들에 대한 이러한 새로운 감정은 소련 문학 작품에서 깊이 있고 설득력 있게 드러난다. 아르카디 가이다르, 보리스 기트코프, 베라 파노바, L. 판틸레예프, L. 보론코바 같은 작가가 어린아이를 주인공으로 멋진 작품을 써냈다.

특히 우리 시대 아이들의 새로운 지위를 잘 반영한 빼어난 소설은 베라 파노바가 써서 작년에 나온 《세료자》이다. 이전에 위대한 작가건, 별볼일없는 작가건 간에 평범하기 그지없는 어린아이의 감정과 생각을 표현하고 아이를 주인공으로 한 소설을, 단편이나 소품이 아닌 진짜 소설을 쓴 사람이 있었는가? 우리 문학에서는 전례 없는 일이다. 최근 우리나라 곳곳에 사는 다양한 사람들에게서 아이들에게 기울이는 관심을 느낄 수 있는데 그 때문에 이런 일이 가능한 것이다.

3
아이들과 동시
아이들은 시를 어떻게 만드나

리듬

아이들은 말을 배우기 위해 여러 가지 방법을 쓰는데, 그중에서도 단어를 일정한 규칙에 따라 배열하는 것이 주요한 방법 가운데 하나이다. 아이들은 단어를 쌍으로 생각한다. 모든 단어에는 반대되는 뜻을 가진 '쌍둥이' 형제가 있다고 생각하는 것이다. 세 살이 가까워지면, 단어를 하나 배우면 그것과 관계 있는 다른 단어를 찾는다. 물론 단어의 짝을 찾을 때 실수도 많이 한다.

"어제는 날씨가 썰렁했는데."

누가 이렇게 말했다.

"그럼 오늘은 — 날씨가 웃겨?"

아이가 의아하다는 듯 말했다.

위에 든 예에서 아이는 적절한 반대말을 찾지 못했지만, 이렇게 단어를 분류하려고 하다보면 단어의 뜻을 분명하게 알아서 쉽게 언어를 익히게 된다.

내가 관찰한 바에 따르면 아이들은 단어는 의미뿐 아니라 소리도 짝을 이룬다고 생각하는 것 같다.

"어제는 머리가 곱슬곱슬하더니 오늘은 머리가 부슬부슬하네요."

머리카락을 말아 곱슬거리게 했다가 머리를 감아서 본디 머리카락으로 돌아간 이웃 사람에게 남자아이가 한 말이다.

아이들은 언어에 리듬감을 주기 위해 단어를 짝짓기도 한다. 어른들도 리듬감 있게 말하려는 경향이 있지만 아이들은 이런 경향이 훨씬 더 강하다. 이야기를 나누다 우연히 리듬이 생기면 아이는 그 말을 반복하면서 놀고 때로는 그 자리에서 가락을 붙여 노래로 부르기도 한다.

"물통 어디에 뒀어?"

엄마가 아이한테 물었다.

"물통? 설거지통에."

아이가 가리키면서 대답했다.

아이는 이 말을 하자마자 말에 리듬이 있다는 것을 알아차리고 노래로 부르기 시작했다.

"물통 물통
설거지통
물통 물통
설거지통."

아이들은 누구나 리듬이 있는 말놀이를 좋아해서 때로는 이런 놀이를 즐기는 정도가 아니라 좋아서 어쩔 줄 모른다. 세 살 난 어느 여자아이는 이런 놀이를 만들어 냈다.

"엄마, '너구리' 해 봐."

"너구리."

아이가 말했다.

"개구리."

"엄마, '항아리' 해 봐."

"항아리."

아이는 까르르 웃으며 말했다.

"병아리."

"엄마, '궁둥이' 해 봐."

"궁둥이."

아이는 깔깔 웃음을 터뜨리며 좋아 뒤로 넘어갈 지경이다.

"주둥이."

이 놀이를 아이는 반복해서 또 하고 또 했다. 이와 비슷한 말놀이 겸 말 연습을 열 번 스무 번 되풀이할 때도 있다.

모스크바 가까이 있는 유치원에서 아이들은 스스로 이런 놀이를 하고는 했다. 한 명이 "말놀이하자."고 하면 아이들이 돌아가면서 말꼬리가 같은 단어를 말한다. '개구리—너구리', '술통—오줌통', '항아리—병아리' 같은 말들이 나온다. 아니면 아무 뜻도 없는 단어를 만들어 연결하기도 한다. '설렁탕—우당탕—탕탕탕' 이렇게 이어지는 단어가 말이 안 되면 안 될수록 아이들은 더 크게 소리 내어 웃는다.

아이들이 노래하듯 리듬을 넣어 혼잣말을 하는 것도 들어 보았다. 다섯 살 난 보바가 혼잣말로 한 말이다.

    이거 숟가락이야?
    아니 젓가락이야.

    이거 포크야?
    아니 케이크야.

    이거 잠바야?
    아니 '보바'야.

이렇게 한참 동안 계속했다. 세살 반 된 타냐는 밀크(milk)라는 단어로 이런 노래를 만들었다.

    일크, 실크, 틸크
    과자랑 같이 먹는 밀크.

두 단어 이상을 이어 말하기 시작한 아이들은 발음을 쉽게 하기 위해 리듬을 사용하기도 한다. 아주 어린아이는 '잘 자' 하고 말하는 것보다 '자장자장' 하고 말하기가 훨씬 쉽다. 아이가 어릴수록 반복과 리듬이 있는 단어를 더 좋아하는 것 같다. 역설적으로 들릴지 모르지만 사실이다. 나는 여러 부모가 쓴 일기를 읽어 보았는데 한 살이나 한 살 반 된 아이의 '말버릇'을 묘사한 것에 맞닥뜨릴 때가 종종 있다. 부모들이 관찰한 바는 다음과 같다. "아이가 쉴 새 없이 아무 뜻도 없는 말을 지껄인다. 몇 시간이고 혼잣말로 각운이 있는 말을 한다. 가자, 따자, 까자, 마자······."

이렇게 다양하게 리듬이 있는 말을 반복하는 것보다 더 효과 있는 발음 연습 방법은 아마 없을 것이다. 이런 리듬은 사실 아이들이 발음 기관을 열심히 훈련하는 가운데 나오는 부산물에 지나지 않는다. 이 부산물이 특히 쓸모 있는 것은 아이들이 연습을 놀이로 경험할 수 있기 때문이다. 한 살이 되기 전, 요람에서 대부분 시간을 보내고 말은 한마디도 못 할 때도 아기는 자기가 좋아하는 소리를 반복해서 내고 또 내면서 리듬이 있는 옹알이를 하고 논다.

아동기가 시작할 무렵에는 모든 사람이 '시인'이다. 조금 큰 뒤에야 산문체로 말하는 법을 익히게 된다. 아기가 하는 옹알이에는 운문의 특징이 있다. 같은 음절이 반복되는 '마마(엄마)'라는 단어는 이런 리듬의 모델이 된다. 아이가 처음으로 소리 내는 단어는 대부분 형태가 비슷하다. 맘마, 빠빠, 까까, 찌찌 같은 단어들이 그렇다. 물론 이런 단어를 조합한다고 시가 되지는 않는다. 노래는 리듬이 있거나, 없는 소리를 무의미하게 지껄이는 것으로 시작해서 의미가 포함될 때 완성된다.

최초의 시

아이들은 누구나 학교에 들어가기 전에 열심히 말의 리듬을 만들어 내는 시기를 거친다. 아주 오래전에, 우리 아들이 네 살 때 빗자루를 타고 무엇에 들린 사람처럼 자기가 방금 만든 시를 큰 소리로 외치며 마당을 빙빙 도는 것을 보고 그걸 깨달았다.

> 나는 나는 커다란 기사,
> 너는 너는 조그만 거미.

아이는 자기 여동생을 놀리려고 이 노래를 만들었다. 동생이 놀림받지 않으려고 달아나 버렸는데도 아이는 아무것도 보이지도 들리지도 않는 듯 마법사가 주문을 외우는 것처럼 정신없이 그 구절을 반복했다.

> 나는 나는 커다란 기사,
> 너는 너는 조그만 거미.

아이는 자기가 지르는 소리 때문에 다른 소리는 전혀 듣지 못하고 커다랗게 원을 그리며 돌았다. 갑자기 수천 킬로미터 떨어진 곳에서 들려오듯이 무슨 소리가 들려왔다.
"밥 먹어라!"
아이는 손을 씻고 밥상 앞에 앉았다. 하지만 시인의 피가 아직 끓고 있고, 펄쩍펄쩍 뛰며 노래하고 논 뒤라 흥분이 채 가라앉지 않았다. 숟가락으로 장단을 맞추며 아이는 외치기 시작했다.

주세요, 주세요, 감자 주세요,
많이, 많이, 많이 주세요.

아이들은 노래를 만들 때 손이나 팔을 움직여야 하는데 이 아이한테는 숟가락이 시의 영감을 불러 일으키는 것을 도와준 셈이다. 또 하루는 이 아이가 허리띠에 헝겊 조각을 매달고 방에서 방으로 뛰어다니며 손뼉을 치면서 목청이 터져라 노래를 불러 댔다.

나는 고래다,
이건 내 꼬리다.

아이들은 보통 깡충깡충 뛰거나 달리면서 노래를 만들어 낸다. 비눗방울이 하늘로 날아오르는 것을 보면 아이들은 따라 달리면서 이런 구절을 계속 반복해서 외치게 마련이다.

높이 높이, 슈우우,
하늘 높이, 슈우우.

아이들이 지쳐서 그만 뛰면 노래 만드는 것도 끝이 난다. 슬프거나 아프거나 졸리는 아이는 시를 단 한 줄도 만들지 못한다. 아이들은 시인이 되려면 생기가 넘쳐야 한다. 초봄, 푸른 풀밭 위에서 산들바람과 햇살에 흥이 겨우면 아이들은 계속해서 노래를 쏟아 내며 활기차게 뛰어논다. 때때로 아이들이 신이 나서 똑같은 몸짓을 되풀이하면서 내뱉는 소리는 아무런 의미가 없고 그저 음악적 기능만 한다. 어린아이들은 운율이 있는 노래에 '취하는' 성향이 있기 때문에 러시아, 세르비아, 체코, 스웨덴, 핀란드, 영국 같은 나라의 전래동요에는 대부분 각운이 있다.

외국의 예를 너무 많이 들고 싶지는 않기 때문에 영국 동요만 예로 들어 보겠다. 영국 동요 중에서 아이들에게 아주 인기 있는 것은 이런 것이다.

히텀, 피텀, 페니, 파이,
팝 어 로리, 징키 자이!

이나, 메나, 미나, 모,
바사, 리바, 리나, 로!

이 단어들은 아무 뜻도 없지만 리듬이 있고 가락이 있기 때문에 아이들이 무척 좋아한다. 러시아 아이들도 몇 세대 전부터 이런 동요를 부르고 놀았다.

> 텐, 텐, 포테텐 ……
> 포스트리굴리, 포미굴리 ……
> 콜랴, 몰랴, 셀렌가 ……
> 페랴, 에랴, 수햐, 류햐 ……
> 치켄, 비켄 …… *

리듬과 각운이 있는 노래를 아이들은 얼마나 좋아하는지! 네 살 난 꼬마 무라는 토끼가 되어 새끼 토끼를 여럿 거느리고 놀고 있었다. 놀이에 푹 빠져 아이는 리듬에 맞춰 말하기 시작했다. 나는 귀를 기울여 듣고 있지는 않았는데 이런 문장을 듣고는 귀가 번쩍 뜨였다.

> 뛴다 뛴다 토끼,
> 잡는다 잡는다 도끼.

"도끼?"

내가 물었다.

---

* 우리나라 전래동요에도 〈이 거리 저 거리 갓 거리〉, 〈통노래〉처럼 무의미한 단어를 나열해 리듬을 만드는 노래들이 있다.

이 거리 저 거리 갓 거리 견사 만사 다 만사
조리 김치 장독간 총채 비파리 떡
한 알때 두 알때 세 알때 끝때장군 고드래 뽕
제비 싹싹 무간주 보리짝 납짝 휜기뚱. (옮긴이 주)

"도끼가 잡아?"

무방비 상태로 있다가 이런 질문을 듣자 아이는 얼굴이 빨개졌다. 하지만 아이는 곧 평정을 되찾고 설명했다.

"그건 말야, 도끼는, 어떤 토끼 이름이야. 귀가 도끼처럼 생겨서 도끼라고 불러."

본디 놀이의 주제와는 상관없이 리듬을 만들기 위해서 사용한 단어에 '논리적' 이유를 나중에 갖다 붙인 것이다.*

아이들은 뜻이 없는 노래도 무척 좋아한다. 이런 노래는 전염성도 강하다. 한 아이가 리듬이 있는 단어를 말하면 다른 아이들도 그 말을 따라하며 손뼉을 치고 폴짝폴짝 뛰고 달린다. 어떤 때에는 자기가 하는 일에 필요한 몸짓의 리듬에 맞춰 노래를 만들기도 한다. 어느해 여름, 시골에서 나는 아이들이 이웃 우물에 물을 길으러 갈 때마다 같이 갔는데 그때 이런 노래가 만들어지는 걸 봤다. 아이들은 막대기에 조그만 양동이를 걸고 막대기 양 끝을 어깨에 지고 날랐다. 물을 양동이에 담아서 돌아가는 길은 좁고 울퉁불퉁했다. 길바닥에 돌, 나무뿌리, 나무등걸 같은 것들이 있어서 발이 걸려 넘어지기 쉬웠다. 그리고 열여섯 걸음을 걷고 난 뒤마다 아이들은 팔이 아파서 양동이를 내려놓고 잠깐 쉬어야 했다. 얼마 지나지 않아 아이들은 이 동작에 리듬을 느끼고 이런 노동요를 만들어 냈다.

---

* 본디 아이가 각운을 맞추기 위해 독특한 단어를 노래에 끼워 넣은 경우인데, 우리말은 음운의 특징상 각운이 중요하지 않기 때문에 그냥 발음과 형태가 비슷한 단어를 사용한 예로 바꾸었다. (옮긴이 주)

나무 두 개
　　뿌리 두 개
　　하나 둘
　　하나 둘
　　흘리면 안 돼!
　　놓치면 안 돼!
　　조심 조심
　　내려—놔!

　한 줄에 두 발자국씩 열여섯 걸음을 가고 내려놓았다. 그리고 아이들은 잠시 멈춰 쉬고 다시 열여섯 걸음을 걸었다. '내려—놔!' 하고 크게 외치고 아이들은 동시에 총이라도 맞은 듯 그 자리에 주저앉았다.
　아이들이 다른 사람을 놀릴 때 하는 말에도 리듬이 있다.

　　얼레리 꼴레리
　　얼레리 꼴레리

　아이들은 사람뿐 아니라 자기가 싫어하는 동물도 노래를 만들어 놀린다. 어느 날 시골 마을에 놀러 갔을 때 날마다 아이들이 무리 지어 칠면조가 한 마리 있는 방앗간 앞을 지나가는 것을 보았다. 무슨 이유 때문인지 아이들은 칠면조가 새끼 돼지를 훔쳤다고 비난하며 방앗간 앞을 지날 때마다 이 노래를 합창했다.

칠면조, 칠면조, 빨간 코 칠면조
새끼 돼지 훔쳐 가네.
발톱으로 잡아채서
왕, 하지만 돼지는 빨라.

아이들은 적의를 엄청나게 드러내며 이 노래를 불렀다. 그렇지만 며칠이 지난 뒤에 나는 같은 아이들이 알록달록한 꽃, 과일, 버섯 따위를 판자 위에 올려서 들고 신이 나서 걸어가는 것을 보았다. 아이들은 방앗간 쪽으로 가고 있었다.
"어디 가니?"
"칠면조한테요. 오늘이 칠면조 생일이에요."
칠면조의 생일을 축하해 주려고 멋들어진 선물을 마련해서 가는 길이었다. 바로 얼마 전에 '아무도 죽지 않는'* 시를 만들어 '도둑'을 미워하는 마음을 나타냈던 것은 까맣게 잊어버린듯.

아이들이 만들어 부르는 노래나 무의미시에 나타나는 또 다른 특징은 기쁨이 넘친다는 것이다. 아이들이 만들어 부르는 노래에는 한숨이나 눈물이 보이지 않는다. 건강한 아이라면 늘 경험하는 자기 자신과 세상에 대한 행복감을 노래로 표현하는 것이다. 아이들에게서 노래가 자연스럽게 솟아나는 것은 이런 까닭에서다.

프리드리히 실러가 〈기쁨에 바치는 노래〉를 썼을 때도 세 살짜리 부부스가 신이 나서 이렇게 외쳤을 때만큼 행복했을지 의문이다.

---

* 이 노래에 나오는 새끼 돼지가 죽지 않고 도망치는 것에서도 2장에서 말한 죽음과 절망에 저항하는 아이들의 낙천성을 엿볼 수 있다. (옮긴이 주)

3장 아이들과 동시 111

할머니는 내가 멋지대,
할머니는 맨날 사탕을 줘!

이 노래는 자기만족감과 자랑스러움에 바치는 노래다. 자기를 내세우고 자랑하는 것은 아이들의 본능이다. 그래서 아이들에게는 자기가 다른 사람보다 더 사랑받고 있으며, 재주가 뛰어나고, 영리하고, 힘세고, 용감하다는 환상이 필요하다. 두 살배기 아이보다 자기만족감이 더 강한 사람은 없다. 두 살짜리 아이는 자신이 성공하는 것과 능력을 발휘하는 것을 상상하면서 아주 기뻐한다. 앞에서 말한 아이가 빗자루를 타고 여동생을 놀리면서 '나' 하고 외칠 때도 얼마나 오만하게 굴었는지 모른다.

나는 나는 커다란 기사,
너는 너는 조그만 거미.

어느 날, 내가 밖에 나갔다가 집에 돌아왔는데 집 밖에서 우리 아이 둘이가 손뼉을 치고 폴짝폴짝 뛰면서 이렇게 소리쳤다.

도둑맞았다~
도둑맞았다~

이 일은 아이들에게는 흔하지 않은 신기한 사건이라 신이 난 것이다. 아이들은 왜 내가 기뻐하지 않는지 이해되지 않는다는 태도를 보였다.

어느 남자아이는 여행 갔던 아버지가 생각보다 빨리 돌아오자 기뻐서 바로 이런 노래를 만들었다.

> 칙칙폭폭 기차 타고
> 아빠가 왔네.
> 칙칙폭폭 최고야.
> 빨리도 왔네.

그러나 한두 해쯤 지나면 아이들이 만들어 부르는 노래도 차분해지고 약간 우울한 음조가 나타난다. 다섯 살 난 무라는 자기 생일잔치에서 선물 꾸러미를 보면서 애수 띤 어조로 이렇게 말했다.

> 일요일마다
> 내 생일이면
> 얼마나 좋을까!*

아이는 그것이 바람에 그칠 수밖에 없다는 사실에 한숨지었다. 예닐곱 살이 되면 감정이 넘치고 감탄조이던 노래가 좀 더 문학적인 장르로 발전해 간다. 여섯 살 난 아냐는 어떤 아이가 이모한테 엉덩이

---

* 이 시를 비롯하여 아이들이 지은 시에는 운율이 있어야 하지만(원문에서는 주로 각운) 번역하기 어려워 리듬감을 살리지 못했다. 독자 여러분이 이해해 주시길 바란다. (옮긴이 주)

를 맞는 것을 보고는 자기 엄마에 관한 이런 시를 지었다.

> 우리 엄마는 똑똑해.
> 우리 엄마는 안 때려.
> 아, 엄마, 엄마,
> 언제나 나를 사랑해 주세요.
> 앞으로 엄마를 더 사랑하고,
> 말썽 피우지 않을게요.

아이들이 자라면 자랄수록 리듬이 없는 시를 만든다. 아이들이 손뼉 치고 노래하는 대신 생각하고 사색하기 때문이다. 예를 들면 이런 시를 만든다.

> 궁전 마당에서
> 사과를 봤다.
> 하나도 안 부러워.
> 창살 너머에 있잖아.
> 창살 너머에.

아홉 살 남자아이가 쓴 이 '비가(悲歌)'는 사실 노예제를 비판하는 시다. 여기에 엄격한 구조와 운율을 집어넣으려 했다면 오히려 시를 망쳤을 것이다. 더 큰 아이가 쓴 또 다른 훌륭한 '비가'도 규칙적인 리듬이 없다.

그늘진 바위 사이에
전나무 한 그루가 자란다.
바닷가에서
나무는 바다를 보고 운다.

"파도여! 파도여!
쓰고 짠 물을
내 연약한 살갗에 뿌려
날 아프게 하는구나!
파도여, 제발, 날 살려 줘!"

그러나 파도는 나무의 울음을 듣지 못한다.

'두 살에서 다섯 살까지'의 나이가 지나면 중간 단계가 온다. 손뼉 치고 발을 구르거나 깡충깡충 뛰면서 자연스럽게 노래를 만들어 내는 시기는 지났지만, 아직 만족할 만한 자유시나 구조가 잘 잡힌 시를 만들어 낼 만큼 성장하지는 못한 시기다. 이때에는 자신의 창작물로 시적 조화와 음률에 대한 욕구를 충족시킬 수 없기 때문에 다른 시인이 지은 시를 즐긴다. 때로는 시를 읽으며 서정적 감성을 강렬하게 느끼고는 천진한 마음에 그 감동 깊은 시를 자기가 지었다고 생각하기도 한다.

여덟 살짜리 베라가 할머니에게 말했다.
"할머니, 내 공책에 이렇게 써 줘. 고요한 바다, 파란 바다!"
"그건 네가 쓴 게 아닌데. 주콥스키가 쓴 거잖아?"

"아냐. 내가 쓴 것도 되고 주콥스키* 것도 돼. 우리 거야!"

"그 시는 어디에서 배웠어?"

"말했잖아, 배운 게 아니라 내가 지은 거야. 크리메아(크림) 반도에 대한 시야. 그것도 몰라?"

어느 어머니가 비슷한 이야기를 들려주었다.

"어느 날 아침에 스베티크가 잠자리에서 일어나 무엇에 생각이 팔린 듯 빨리 옷을 입혀 달라고 했어요.

'시를 쓰고 싶어. 애들 시가 아니라 어른을 위한 시야.'

스베티크는 책상에 앉아 연필을 쥐고는 잠시 생각에 잠긴 듯 앉아 있었어요. 그리고는 말했지요.

'엄마, "나는 홀로 거리로 나갔다." 하고 쓸 거야.'

'그건 네가 쓴 시가 아니잖아. 레르몬토프**가 쓴 시인데?'

'레르몬토프는 죽었잖아. 이제 내 거라고 해도 돼.'"

이 아이나 베라가 남의 작품을 표절했다고 말하는 사람은 아이를 전혀 이해하지 못하는 사람이다. 아이는 아름다운 시에서 유명한 구절을 도용하려는 것이 아니라, 자기가 가장 좋아하는 작가를 흉내 내면서 시적 감성을 충족시키려 하는 것이다.

이렇게 흉내 내서 나온 시는 시라기보다는 이도 저도 아닌 뒤죽박죽이다.

---

* 바실리 주콥스키(1783-1852)는 시인이자 인도주의자로 알렉산더 황태자의 가정교사였다. 황태자는 알렉산더 2세 황제가 되어 농노를 해방했다. (영문판 주)

** 미하일 레르몬토프 (1814-1841)는 위대한 러시아 시인 중 한 사람이다. (영문판 주)

이런 시를 읽으면 '두 살에서 다섯 살까지'의 아이들이 만든 리듬감 있고, 다채롭고, 말도 안 되는 시가 그리워져 절로 한숨이 나온다.

시 교육

그렇지만 아이들이 만든 시를 비평할 때 지나치게 엄격해서는 안 된다. 시가 별 볼일 없고 따분하고 움직임이나 리듬감이 부족하다고 생각되더라도 아이의 시적 영감이 발달하는 단계로 보아야 한다. 아이들은 이제 더 이상 손뼉이나 노래에 맞추어 시를 만들어 내지 않는다. 네 살까지 아이들은 시인이자 가수이며 무용수였다. 하지만 이제는 시가 다른 활동과 분리된 창작 활동이 되었으므로 아이들에게는 한 단계 더 진보한 문화적 시도라고 볼 수 있는 것이다.

아이들은 열 살 무렵이 되면 운율을 이해하고 정확한 음보를 사용할 수 있게 된다. 다음 시는 아홉 살짜리 여자아이가 폭군 같은 선생님에 대해 쓴 거의 완벽한 약강 5보격의* 풍자시다.

저기 우리를 괴롭히는 사람이 앉아
연필을 똑똑 두드리네.

---

* 우리 시의 기본 율격은 2~5음절로 된 마디가 규칙적으로 반복되는 음보율이라고 볼 수 있으나(비야 비야 / 오지 마라 // 우리 누나 / 시집간다 // 비야 비야 / 오지 마라 // 가마 꼭지 얼룩진다), 서양 시가에서는 음보의 형태와 수에 따른 보격을 맞추어 시를 짓는다. 약강, 강약, 약약강, 강약약격 등 강세가 있는 음절과 없는 음절의 묶음을 음보라고 하는데, 시의 한 행을 이루는 음보의 수에 따라 3음보, 4음보, 5음보 따위로 분류한다. 약강 5보격이라고 하면 "Shall I compare thee to a summer's day?"에서와 같이 약음절과 강음절의 쌍이 다섯 번 나오는 것을 말한다. (옮긴이 주)

다른 여자아이는 이런 만가(輓歌)를 지었다.

> 시험이
> 돌덩이처럼
> 가슴에 내려앉네.
> 오래 오래
> 너무 오래
> 화살처럼 깊이 박혀.
> 니나는 시간이 흐르길 기다려.
> 시험이 끝나고, 돌덩이가 사라지기를.

학교에 다니는 아이들이 지은 시 가운데는 다른 시를 흉내 낸 것이 많지만, 교사들이 적절히 이끌어 주면 훌륭한 시인으로 클 수 있는 아이들도 있다. 물론 교사들에게 시인을 키워 내는 것까지 기대할 수는 없지만, 좋은 시를 감상할 줄 아는 능력을 길러 주는 것도 교사가 해야 할 일 가운데 하나로 여겨야 할 것이다. 내가 특히 이것을 중요하게 생각하는 것은 다른 어떤 예술 분야보다 시를 소중히 여기는 사람들과 함께 지내기 때문일 것이다. 시를 즐길 줄 아는 사람에게는 시가 비할 데 없는 기쁨을 준다는 것을 경험으로 알기 때문이다.

그렇다면 어린이들의 시 교육을 위해 교사는 어떤 일을 해야 할까?

어느 곳에 가든 배나 기차에서 내리자마자 나는 조금도 망설이지 않고 그 마을 아이들이 있는 유치원이나 어린이집, 학교 같은 곳으로 간다. 그런 곳에서 아이들을 다정하고 사려 깊게 돌보는 모습을 보면 늘 기운이 난다. 그렇지만 이 꿀단지 안에도 쓴 약이 한 숟가락 들어 있다. 아이들이 노래 부르고, 손뼉 치거나 놀거나 그림 그리는 걸 보면 마음이 즐거워지지만 아이들이 학교에서 배운 시를 나에게 읽어 줄 때는 마음 한구석이 무거워진다.

아이들이 읽어 주는 시에는 우리나라의 훌륭한 시인들이 쓴 작품도 물론 있지만 대부분 진부하기 짝이 없는 시구, 어색한 리듬, 천박한 각운으로 이루어진 재미없는 시가 많았다. 너무 실망스러워서 울고 싶을 때도 있었다. 아이들에게 이런 쓰레기를 만나게 하면 미적 감수성이 망가지고 문학 교육이 제대로 이루어지지 않아 문학을 성의 없이 대하게 될 것이다. 그리고 제대로 된 시 작품을 음미하고 감상할 줄도 모르게 될 것이다. 그렇지만 다른 면에서는 무척 뛰어나지만 문학 교양을 갖출 기회가 없었던 교사들은 내가 작가로서 느끼는 비애를 이해하지 못할 것이다. 시를 제대로 평할 줄 모르기 때문이다.

어느 유치원이나 어린이집, 학교에 가도 재능 있는 아이를 만나게 된다. 다른 환경에 있었더라면 훌륭한 작가가 될 수 있었을 것이다. 그렇지만 비문학적인 환경 속에서 아이들 재능은 시들어 버린다. 선생님이 아이들이 쓴 시를 '고쳐' 주기도 하는데 그러고 나면 항상 원문보다 훨씬 못한 시가 되고 만다.

하지만 다행스럽게도 문학 교육은 점점 나아지고 있다. E. A. 플레리나와 E. I. 티헤이바처럼 시대를 앞서 간 교육자들과 이들 뒤를 이은 교육자들 덕에 시 교육이 유치원의 기본 교육과정에 포함되기 시작했다. 교육학회에서 출간한《언어 예술과 취학 전 어린이(1952)》같은 유명한 책에는 애정과 깊은 성찰이 담겨 있다. 이 책의 편집자 E. A. 플레리나가 쓴 서문을 보면 시적 이미지의 '음악적 그림'과 아이들의 '리듬감'을 발달시키는 방법들을 잘 이야기하고 있다.

이 주제와 관련된 또 다른 책으로 R. I. 주콥스카야가 쓴《유치원생에게 책 읽어 주기》도 1955년에 출간되었다. 이 책은 취학 전 어린이에게 시를 가르치는 것이 어떤 교육적 효과가 있는지에 초점을 맞추고 있다. 작가는 경험으로 유치원 아이들에게 가장 도움이 되고 좋은 정신의 양식은 산문보다 시라고 확신하게 된 것 같다. 이 책의 중심 주제는 V. G. 벨린스키가 시가 어린아이들에게 미치는 영향에 관해 한 말에 잘 나타나 있다. 주콥스카야도 책 가장 앞 부분에서 이 구절을 인용했다. "아이의 귀가 모국어, 모국의 감성의 소리에 조율되어 있게 하고 아름다움을 느끼는 마음으로 가득하게 하라. 시가 음악처럼 가슴을 울릴 수 있게 하라. ……"[1] 나는 이 책을 아주 즐거운 마음으로 읽었다. 얼마 전까지만 해도 어린아이의 시 교육을 입에 올리기만 해도 대부분 교육자들이 손사래치면서 아무런 의미 없는 짓이라는 태도를 보였던 것이다. 그러나 이제는 교육자들 중에도 이 '아무런 의미 없는 짓'을 실천하면서 옹호하는 사람들이 나타나기 시작했다.

이제는 내가 아이들을 교육하면서 경험한 것을 이야기하고자 한다. 나는 우리 아이들을 가르치면서 어릴 때부터 문학적 안목과 감수성을 길러 주어 문학적 판별력을 갖게 하려고 애썼다. 이 목표를 이루는 데 가장 알맞는 교재는 구비문학이라고 생각했다. 특히 영웅서사시*가 좋다. 나는 우리 아이들과 아이 친구들에게 서사시를 읽어 주었다. 아이들이 이런 시를 이해하지 못할 것이라고 생각하는 어른들이 있는데 그건 어처구니없고 아무 근거 없는 생각이다. 옛 말투에 익숙해지기만 하면 몇 시간이고 어린애다운 재미로 가득한 이야기에 푹 빠져 귀를 기울인다. 서사시에 나오는 어휘는 처음에는 낯설고 무섭게도 느껴지지만 아이들은 금세 적응하여 신나하고 재미를 느낀다. 서사시에 나오는 단어를 이해하고 좋아하게 될 뿐 아니라 곧 일상생활에서도 사용하여 쓰임새를 더 풍부하게 한다.

　어린 시절에 영웅서사시를 듣고 자란 우리 아들 보리스가 그 영향을 받은 게 보였다. 아이는 겨우 글 쓰는 법을 배우기 시작했는데 공책에 서사시를 쓰기 시작해 다들 깜짝 놀랐다. 아이가 쓴 그 '필사본'은 아직도 소중히 간직하고 있다. 여기에서 아이가 쓴 시를 맞춤법이 틀린 데만 고치고 본디 그대로 옮겨 놓겠다. 이 시를 쓴 해가 1919년인데 누군가가 아이 앞에서 별 생각 없이 마을에 떠도는 소문을 이야기했다. 도둑 떼가 장화 밑에 탄력이 좋은 스프링을 달고 아주 높이 뛰어 담장을 넘는다는 소문이다. 도둑 떼는 밤만 되면 수의를 입고 나와 사람들을 겁주고 물건을 약탈해 가서 방범대가 이들을 잡으려 혈안이 되어 있다고 했다.

---

* 영웅서사시는 역사적, 전설적 영웅의 삶과 업적을 노래한 시로 서구에는 《일리아스》《베어울프》《니벨룽겐의 노래》, 동양에는 《길가메시》《마하바라타》 같은 시가 있다. (옮긴이 주)

여덟 살 난 아들은 아래의 '서사시'(전체 68행 중 시작 부분이다)를 지어 도둑 떼를 '영원히 기렸다.'

스프링 도둑과 구두장이 바시카의 싸움

금은 금에 녹지 않고
은은 은에 섞이지 않고
산과 산이 합쳐지지도 않는다.
그러나 스프링 도둑이 사방에서 모여
스몰렌스크 묘지에서 만났다.
넓고 넓은 스몰렌스크 묘지.
도둑들은 커다란 계획을 세운다.
작은 계획이 아니라 커다란 계획을.
페트로그라드 방범대를 어떻게 무너뜨릴지.
피터 대제의 도시 방범대를.

이 어린 시인은 서사시라는 어려운 장르의 리듬, 구문, 어투를 완전히 이해하여 힘들이지 않고 쉽게 사용하고 있다. 아이가 자라서 문학과 관계있는 일을 하지는 않았지만 시에 대한 사랑은 죽는 날까지 그의 삶을 풍요롭게 해 줄 것이다. 또 이렇게 문학에 대한 교양을 기를 수 있었기 때문에 무수한 문학 작품의 바다에서 진정한 예술과 엉터리 예술을 가려낼 줄 아는 안목을 갖추게 되었다.

처음으로 시를 짓는 아이들

이제 다시 '두 살에서 다섯 살까지'의 아이들로 돌아가 보자. 무의미시란 이런 것이다.

1. 자발적이고 즉흥적이다.
2. 노래라기보다 가락이 있는 감탄사에 가깝다.
3. 암송하는 것이 아니라 손뼉이나 춤과 함께 입 밖으로 나온다.
4. 리듬은 장단격(혹은 강약격)일 때가 많다.*
5. 짧다. 두 줄이 넘지 않는 경우가 많다.
6. 반복적이다.
7. 아이들 사이에서 '전염성'이 있다.

그렇다고 아이들이 뜻 없는 노래만 만든다는 것은 아니다. 아주 어린아이들도 의미가 있는 시를 지을 수 있다. 어느 수준까지 가능한지는 수집한 자료가 부족해 말하기 어렵다. 결론을 내리고 일반화하기에는 아직 이르다. 여기에서 예로 들 수 있는 시는 몇 편밖에 되지 않는다. 적어도 표본을 5, 6천 개 모아 시가 만들어진 조건에 따라 분류하고 난 다음에야 이 시들을 제대로 평가할 수 있을 것이다.

아래 시는 네 살 난 니키타 톨스토이라는 남자아이가 지은 노래다.

  까마귀는 달을 보았지.

---

* Trochee를 서양 고전시에서는 장단격(긴 음절과 짧은 음절이 번갈아 나옴)이라고 하고, 영어처럼 단어 자체에 강세가 있는 언어에서는 강약격이라고 한다. 우리나라 말에는 둘 다 잘 들어맞지 않지만 왜 장단격이 되는지는 이해가 간다. 으쓱으쓱, 짤랑짤랑, 꿈틀꿈틀, 덜컹덜컹 같은 흉내말을 리듬을 넣어 소리 내어 보면 자연스럽게 강약 또는 장단의 리듬이 생긴다. (옮긴이 주)

> 하늘에서 노란 풍선도 봤지.
> 동그란 얼굴에 눈, 코, 입
> 천천히 구름 사이로 헤엄치지.

전통 시가에 자주 등장하는 까마귀, 밤, 달이 여기에도 등장한다. 리듬도 분명하고 각운도 맞췄다. 같은 아이가 쓴 아래 시는 항해에 관한 것이다.

> 예쁜 배가
> 바다를 달린다,
> 바다를 달린다.
>
> 청어가 물에 떠서
> 배를 따라 달린다.
> 바다에서,
> 바다에서.

니키타의 세 살 반 된 동생 미탸 톨스토이는 도시에 대해 이런 시를 썼다.

> 아, 친구들, 숨어, 숨어.
> 안 그러면 트럭에 치인다.
>
> 아, 친구들, 빨리, 달려.
> 안 그러면 차에 치인다.

아, 친구들, 소리를 질러.
안 그러면 닭에 치인다.

이렇게 시 몇 편만 살펴보아도 아이들이 얼마나 다양한 방식으로 시를 짓고 리듬을 만드는지 알 수 있다. 물론 니키타와 미탸는 평범한 아이는 아니고, 부모가 둘 다 작가다(A. N. 톨스토이와 나탈랴 크란디옙스카야). 다음 시는 공장에서 일하는 의사의 세살 반 된 딸 이리나 이바노바가 지은 것이다.

멍청힌 고양이

고양이가 복숭아씨를 보고
냉큼 삼켜 버렸다.
얼른 병원에 가야지.

늑대와 암탉

늑대가 길을 가다가
암탉 세 마리를 봤다 — 맛있겠다!
닭을 잡으려면 울타리를 넘어야 하는데
"준비, 땅!"
닭들아! 늑대를 조심해!

혼자 노는 아이들이 부르는 독백조의 노래는 따로 분류해야 할 것이다. 아이는 혼자 연극 놀이에 빠져 있을 때 이런 시를 짓는다. 병상에 누운 다섯 살짜리 아이가 '전쟁' 놀이를 하면서 지은 노래가 있는데, 23행으로 이루어진 시에 형용사는 딱 두 번 나오고, '빨리'라는 부사는 여덟 번이나 나온다. 동사는 행마다 나온다. 형용사가 아니라 동사가 지배적인, 행동과 움직임으로 가득한 시다. 취학 전 아이들이 짓는 시에는 대부분 이런 특징이 있다. 어린 환자 시인의 독백은 이렇다.

> 군인들이 전쟁터로 간다.
> 붉은군대*를 맞으러 간다.
> 빨리 총을 쏜다.
> 총알이 빨리 날아간다.
> 빨리 총알을 막는다.
> 빨리 적을 향해 돌진한다.
> 전쟁터로, 하나, 둘, 셋!
> 알겠나, 더 빨리, 더 빨리.
> 전투 — 쾅, 쾅, 쾅······.
> 멈춰! 멈춰! 적이다!
> 겨눠, 탕!
> 빠른 해가 빨리 진다.
> 붉은 해가 빨리 진다.

---

* 1949년까지 소련군의 이름.(옮긴이 주)

어둔 밤에 행군한다.
붉은군대가 행군한다.
붉은군대가 가까이 있다.
앞으로, 앞으로.
누가 총을 쏘지
이렇게 멀리까지 — 보이지 않는다.
하늘에 뭐가 날아간다.
하늘에 불빛이 번쩍인다.
비행기가 높이 난다.
붉은군대가 왔다······.[2]

아이들은 첫 행에 나온 단어를 다음 몇 행에서 반복하거나 아니면 행마다 집어넣기도 한다. 이렇게 반복하면서 노랫가락 같은 리듬이 형성된다. 아래 시는 네 살짜리 여자아이가 지은 것이다.

늙지 않는 어린아이가 살았습니다.
금으로 만든 아이가 살았습니다.
나쁘지 않은 아이가 살았습니다.
아빠와 같이 술을 마셨을 뿐.

'언제나'라는 단어를 지금 막 익힌 네 살짜리 아이가 지은 멋진 시도 있다.

> 언제나 하늘이 있었으면,
> 언제나 해가 있었으면,
> 언제나 엄마가 있었으면,
> 언제나 내가 있었으면.

    강한 감정을 표현하기 위해서 반복을 사용하기도 한다. 위에 든 시는 자기가 사랑하는 것들이 사라지지 않을 것이라는 굳은 믿음을 표현한 것이다. 결코 끝나지 않을 삶을 찬미하는 아이의 고집스런 목소리가 들리는 것 같다. 이 시는 똑같은 단어가 행마다 반복된다. 아이들이 부르는 노래에서는 마지막 단어나 구절이 반복되는 경우가 더 흔하다.* 타뉴샤 리트비노바라는 아이가 지은 재미난 시가 전형적인 예다.

> 멋진 도시 모스크바!
> 옛날 도시 모스크바!
> 크레믈린이 있는 모스크바!
> 높은 탑이 있는 모스크바!
> 영국 사람이 있는 모스크바!
> 중국 사람도 있는 모스크바!
> 사람들이 모두 칭찬하는 모스크바!

---

* 우리나라 전래동요에도 '고추 먹고 맴맴/ 담배 먹고 맴맴' 같은 노래가 있는데 이런 예는 많이 찾을 수 있다. 같은 뜻을 지닌 낱말을 반복하는 경우도 있고(가자 가자 감나무 / 오자 오자 옻나무 / 십 리 절반 오리나무 / 따끔따끔 가시나무……), 의미 없는 후렴구를 반복하는 경우도 있다(떡 해 먹자 부엉 / 양식 없다 부엉 / 걱정 말게 부엉 / 꿔다 하지 부엉 / 언제 갚게 부엉 / 갈에 갚지 부엉).(옮긴이 주)

아이들이 지은 시는 시각적으로 특히 뛰어나다. 시를 처음 쓰기 시작하는 아이들 시를 많이 구하지 못한 것이 너무 아쉽다. 이런 시를 모아 정리한다면 교사, 비평가, 아동문학가 또 어린이 책 삽화가들에게 무척이나 큰 도움이 될 테다. 삽화가에게 도움이 되는 까닭은 아이들이 지은 시는 이미지가 풍부하기 때문이다. 아이들이 짓는 시는 그림으로 된 시다. 행마다 선명한 시각적 이미지가 떠오른다. 이리나 이바노바가 쓴 시를 보면 절절하게 느낄 수 있을 것이다. 이 아이는 러시아 내전(1918-1922)의 참상을 자기 집 창으로 직접 내다보고 말로 그림을 그렸다.

집은 무너지고,
지붕은 바닥에 떨어졌다.
아이들은 집 안팎에서
전쟁놀이를 하네.

아이들이 지은 시의 특징을 진지하게 연구하려면 수천 편도 넘는 표본이 필요하다. 그래서 독자들에게 아이들이 지은 시를 보내 줄 것을 다시 한 번 간곡히 부탁한다. 그러면 아이들의 문학적 창의성에 대해 면밀한 연구를 시작할 수 있을 것이다.

먼저 정리되지 않은 대로 독자들이 보내 준 시 몇 편을 예시 자료로 소개하려 한다.

작은 비　(인나, 2세)

작은 비야, 작은 비야, 어디 있니?
창밖에서 이슬을 만들고 있어.

해　(타탸, 3세)

열려라, 열려라 문.
해가 하늘 높이 떠오른다!

부끄럼 많은 아기곰　(올랴, 4세)

아기 곰이 방구석에서
작은 책을 보고 웃는다.
정말 부끄러운가 봐.
책을 읽을 줄 몰라서.

노인　(이리나, 5세)

가난한 옛 마을에
가난한 할아버지가 살았어.
몸이 약해서
오래 못 살 거야.

시골에서 (이리나, 5세)

무가 자라고
북이 울리고
나는 차를 마신다.
너무 많이…….

 아이들의 시 감각이 발달하는 데는 어머니가 큰 몫을 한다. 젖먹이 시절 엄마가 요람을 흔들어 주며 부르는 노래를 듣고 리듬을 처음으로 느끼게 된다. 내 공책을 들춰 보다가 아주 오래전에 적어 놓은 이런 구절을 발견했다.
 넉 달 된 아기가 침대에 누워 옹알이를 하고 있었다. 엄마는 갑자기 행복에 젖어 아기에게 뽀뽀를 퍼붓고 이런 즉흥시를 만들어 불렀다.

부치키, 무치키, 두치키,
루치키, 푸치키, 북!
쿠첸키 비, 타라쿠첸키,
푸첸키 비, 마라북!

 아무 의미도 없는 이런 '단어'는 전에 들어 본 적도 없고 다른 사람한테 말해 본 적도 없는 것이다. 평소에 이 어머니는 무미건조하고 평범하게 말하는 사람이었다. 그런데 갑자기 흥이 나고 시적 영감이 솟아나 무아지경에서 이런 소리가 쏟아져 나온 것이다. 더욱 신기한 것은 이렇게 흘러나온 '부치키, 무치키, 두치키'에는 리듬도 있고 각운도 있다는 것이다. 평소 말을 잘하지도 못하고 배운 것이 없는 사람도 한순간 시인이 된다. 평생 시라고는 읽어 본 적이 없는 사람인데도 아이한테 운문으로 말을 하는 것이다. 이 모든 것이 넉 달 된 아기가 침대에 벌거벗고 누워 옹알이를 한 탓이었다. 엄마는 '부치키'를 하면서 박자에 맞춰 아기를 안아 주고 입을 맞췄다. 애정을 표현할 때 어머니들은 비슷하게 행동한다. 그렇기 때문에 이와 비슷한 엄마들의 '작문'에서는 규칙적인 리듬이 느껴진다.

> 귀여운 새 꼬까, 꼬까, 꼬까,
> 귀여운 울 아기 입을 새 꼬까,
> 귀여운 울 아기,
> 귀여운 내 새끼.

 옆집에 사는 아기 엄마가 이렇게 애정을 표현하는 것을 들었다. 신기하게도 대부분 엄마들이 갑작스럽게 애정이 샘솟을 때 이렇게 리듬감 있는 노래를 쏟아 붓는다.
 흥에 겨워 쏟아 내는 말에도 여러 종류가 있지만 특히 어머니가 하는 말이 중요한 것은, 말을 하거나 걷지도 못하는 유아기에 어머니한테 영향을 받아 운문을 만드는 습성이 형성된다고 볼 수 있기 때문이다. 어머니들은 자기도 의식하지 못하는 사이에 몸짓이나 말로 아기가 리듬에 반응하도록 하고 있는 것이다.

이 책의 제목이 만약 《마흔에서 일흔까지》라면 이 나이대, 중년이나 노년의 어른들은 시를 읽는 것에서 그다지 기쁨을 느끼지 못한다는 점을 밝혔을 것이다. 물론 가끔씩 이런저런 시인이 낸 시집을 읽을 수는 있겠지만 날마다 오랫동안 시를 읽고 시의 음률에 흠뻑 빠지는 일은 드물 것이다. 어떤 사람들은 영화를 즐기고, 어떤 사람은 음악 감상에 빠지고, 어떤 사람은 그림이나 체스·소설 따위를 즐긴다. 이런 것은 자연스러운 일이다. 기술자, 의사, 수학자, 광부, 지리학자 같은 사람들의 삶에서 시가 중요한 부분을 차지하기를 기대하기는 어려울 것이다. 그러나 우리 가운데 수백만 사람들은 시를 열렬히 사랑하고, 시에 흠뻑 빠지고, 그것 없이는 못 산다고 한다. 이들은 아이들, 그중에서도 특히 아주 어린아이들이다.

시 교육의 과거와 현재

그렇기 때문에 아이들이 제대로 된 시 교육을 받게 하는 것이 무척 중요하다. 과거의 교육자들은 시를 교육해야 할 주제라고 생각하지도 않았기 때문에 쉬운 일은 아니다. 아이들이 만든 시는 의미 없고 변덕스러운 장난에 지나지 않아 격려해서는 안 된다고 주장했다. 아이들이 쓴 시를 경멸한 문건은 수없이 많다.

과묵하고 내성적인 학생이 차르코셀스키 고등학교(러시아 혁명 전에 귀족 자제들이 입학하던 귀족 학교. 푸시킨도 이 학교를 나왔다)에 입학했다. 이 아이는 시를 쓰는 아이였다. 이 사실을 알고 학교 교장과 담

임교사는 깜짝 놀랐다. 열두 살짜리 시인은 꾸지람을 듣고 벌을 받았다. 그렇지만 아이는 뉘우치지 않고 계속 몰래 시를 써서 옷소매나 신발 속에 감추었다. 그런데 이것마저 들켜 빼앗기고 문제 학생은 다시 벌을 받았다.

이 학생은 미하일 살티코프*이다. 그는 유명한 작가가 된 뒤에 명문 학교에서 시에 대한 정열을 억누르려고 얼마나 애썼는지 자주 이야기했다. 그가 쓴 자서전을 보면 러시아어 교사가 살티코프의 '시작(詩作) 활동'뿐 아니라 '일반적인 독서' 활동도 철저히 감시했다는 것을 알 수 있다. 학생이 문학에 재능이 있고 책에 관심을 기울이면 마땅히 반기고 격려해야 할 사람이 말이다.3)

당시에 차르코셀스키 고등학교는 '푸시킨의 전통'을 충실히 따른다는 것을 긍지로 삼았다. 그런 학교에서 아이의 창의성을 금지하고 벌했다면, 이런 '문학적 성향'조차도 없는 다른 보통 학교는 어떠했겠는가? 그때에도 문학에 재능 있는 아이들이 많았지만, 이런 상황을 생각해 보면 이 아이들의 재능이 시들지 않고 꽃피기란 기적이 아니고서는 불가능했다. 자기 재능을 부끄러운 것인 양, 마치 끔찍한 병이라도 되는 듯 감춰야 했다. 셰브첸코**는 열한 살 때 그림을 그리고 싶은 충동을 억누르기 힘들어 갈대밭에 몰래 숨어서 그림을 그

---

* 시체드린이라는 필명으로도 알려져 있는 러시아의 유명한 풍자 작가. (옮긴이 주)
** 타라스 셰브첸코(1814-1861)는 농노의 아들로 태어나 우크라이나의 대표 시인이자 화가, 개혁주의자가 되었다. (영문판 주)

렸다. 엄격한 선생님에게 들켰더라면 틀림없이 사단이 났을 것이다.

그때의 문헌에서도 아이들의 창의적인 글쓰기를 가치 있는 것으로 인정하지 않는 태도를 흔히 볼 수 있다. 니콜라이 우스펜스키는 '별 볼일 없는' 지방 주간지의 지면을 장식하는 '시시한' 인물들에 대해 우스개 글을 썼다. 신문에 실리는 글이 얼마나 '쓰잘 데 없는 소리'인지 예를 들기 위해 열 살짜리 아이가 쓴 작문을 예로 든다.

"엄마 품에서 노는 천진한 아기처럼 웃으며 해가 떠올랐다."[4]

그 시대에는 아이들의 창작물을 우스꽝스럽게 여기는 게 일반적인 분위기였다.

〈안톤 고레미카〉를 지은 D. V. 그리고로비치는 습작 〈피곤한 사람들〉에서 사람을 피곤하게 하는 다양한 유형의 얼빠진 사람들을 늘어놓으며, 그중에 '어떤 재능을 타고난 12세에서 20세 사이의 아이들'을 잊지 않고 포함시킨다. 시를 쓰거나 그림을 그리거나 하는 아이들은 성가스럽고 피곤하다며 둔한 사람들하고 똑같이 취급하는 것이다.

그리고로비치는 슬픈 어조로 이렇게 말한다. "이런 청소년들은 그 수가 점점 더 많아지는 것 같다. 마치 토끼처럼 번식한다. 이들이 젊을 때는 우리에게 지루함을 안겨 주더라도 성숙한 뒤에는 무언가 쓸모 있는 것을 줄 수 있기를 신께 기원한다."[5]

어떻게 이런 생각을 할 수 있는지 오늘날 우리는 이해되지 않는 일일 것이다. 요즘에는 다들 재능 있는 아이들의 창의성에 관심을 갖기 때문에 과거의 학자들이 그림을 그리거나 시를 쓰는 아이들을 보고 따분해했다는 것을 상상하기조차 어렵다.

　1840, 50년대에 영향력 있던 작가 중 한 사람인 A. V. 드루지닌은 《체르노크니즈니코프》라는 해학적인 소설에서 한 장(章) 전체에서 시를 쓰는 아이를 조롱한다. 이 장의 제목은〈아홉 살짜리 시인의 시도, 또는 원대한 꿈을 가진 놀라운 꼬마〉이다.

　그러나 오늘날에는 당연히 재능 있는 아이들의 예술적 창의성에 특별한 관심을 기울이기 때문에, 예를 들어 멀리 스베르드로브스크에 사는 아홉 살쯤 되는 아이가 상록수에 대해 시 몇 줄을 쓴다면 아이가 다니는 학교에서 이 시를 바로 중앙의 아동예술교육센터로 보낸다. 그러면 작가, 교육자, 언론가들이 모여 앉아 중요한 문제를 논한다. 이 아이가 재능이 있는가? 만약 그렇다면 그 재능을 썩혀 버리지 않기 위해 어떻게 해야 하는가? 책임감을 무겁게 느끼며 이들은 형용사 하나하나를 평가하고, 한 행 한 행을 논하고, 진실성이 없거나 변변치 않은 부분을 지적하고, 보석 같은 단어 하나하나에 기뻐한다. 아이들이 쓴 시와 이야기를 성인 작가가 쓴 작품보다도 더 열심히 연구하는 셈이다.

　8, 9년 전에 이런 원고가 소련 아동예술교육센터로 5천여 편이나 전달되었다. 소련 전체 학교에 전국 최고의 글을 뽑는 대회를 연다는 공문이 나간 탓이다. 나도 심사위원으로 대회에 참석했다. 심사는 무척 엄격하고 까다로웠다. 진부하거나 무미건조한 것은 가차없이 밀어 놓았다. 상을 받은 글은 무척 어린애 같은 것이지만 신선하고

문학적인 가치가 있는 것이었다.

  예를 들면 세료자 오를로프(나중에 전문작가가 되었다)가 잘 익은 호박을 보고 쓴 글에는 참신성과 독창성이 있었다.

> 순무 옆에 누워서
> 기분 좋아 그르렁거리며
> 금방이라도
> 꼬리를 흔들 것 같아.

  어린애다운 이 시에 나는 홀딱 반했다. 무생물에 생동감 넘치는 특질을 부여하는 아이의 능력이 잘 드러나 있다. 다른 아이가 여름 풍경을 보고 쓴 시에서도 비슷한 새로움이 느껴진다.

> 온 세상이 다 푸르러
> 푸른색을 양동이로 퍼서 부을 수 있을 것 같아.

  센터에 전달된 참가 작품들을 보면 주제가 얼마나 다양한지 놀라지 않을 수 없다. 어른 시인이라도 이렇게 다양한 주제를 생각해 낼 수는 없을 것이다. 지리학에 대한 시, 아이작 뉴턴에 대한 시, 바이올린 거장에 대한 시, 스키에 대한 시, 여름과 겨울의 아름다움에 대한 시, 사랑에 대한 시…….

  과거에는 학교에서 청소년들도 사랑에 빠진다는 사실을 인정하지 않았다. 학생들이 사랑을 나누는 것은 부끄러운 짓이며, 억눌러야 하는 비밀스러운 감정으로 치부했다. 대회에 출품한 사랑에 대한 시는 이런 태도에 저항한다. 칼리닌에 사는 한 학생은 여자 친구와 헤어진 일을 시로 썼다.

> 산들바람이
> 반짝이는 푸른 잎을 건드리고
> 내 손이 그 여자의 손에 닿았다.
> 헤어질 때에…….

재능 있는 아이들에게 깊은 관심을 기울여야 하는 것은 당연한 일이지만, 때로는 관심이 너무 지나쳐 해가 될 때도 있다. 아이들이 문학 창작 활동을 진지하게 생각하고 높은 기준을 세워 그곳에 이르기 위해 힘쓰도록 가르쳐야 할 텐데, 지나치게 격려하고 칭찬한 탓에 콧대가 높아져 자기는 하늘이 내려 준 천재라고 생각하고 어떤 규칙도 따를 필요가 없다고 생각하게 만드는 경우도 있다.

얼마 전에 내가 어떤 학교를 방문해 학생들로 바글거리는 계단을 올라갈 때였다. 예술가들이 잘 입는 멋들어진 벨벳 조끼를 입은 남자 아이가 사람들을 밀치고 지나가면서 들고 있던 바이올린 케이스로 내 다리를 쳤다. 나는 아이를 꾸짖으며 사람을 그렇게 밀고 가면 어떻게 하냐고 물었다. 아이는 버릇없이 이렇게 말하며 바빠 가 버렸다.

"저는 신동이에요. 연주하러 가야 돼요."

신동이라는 것이 직업이 된 것 같다. '저는 치과 의사예요' 또는 '신문기자예요' 하는 말과 똑같은 말투로 "저는 신동이에요." 하고 말한다.

'재능' '소질' 같은 단어는 소중하고 참 가치 있는 말이기는 하나, 우리 교육계 관료 가운데 일부는 (안타깝게도 아직도 이런 사람이 남아 있다) 이 단어를 값싼 '별명'으로 만들고 공문서를 남발해 아무에게나 쉽게 갖다 붙이고 있다. 진정한 예술적 재능이 있는 아이라면 이렇게 쉽게 얻어지는 명성을 받아들이지 않을 테니 그나마 참 다행이다.

예술적 재능을 보이는 아이를 다 성장하기도 전에 미리 추켜올리면 자만심과 자부심만 커지고 또래 아이들과 멀어져 결국 실패하고 말 것이다.

다행스럽게도 이렇게 아이를 잘못 이끄는 일도 점점 줄어들고 있다. 아이들이 쓴 글을 모아 출간하는 정기간행물에 실린 글을 보면 학교에서 아이들이 예술적으로 성장하는 데 좋은 영향을 미치고 있다는 것을 확인할 수 있다. 창의성이 중요하다는 것을 깊이 깨닫게 되었을 뿐 아니라, 제대로 된 글쓰기 교육 방법도 개발하고 있다. 학교 문학 동아리를 지도하는 사람들 가운데는 어린 작가들에게 적절한 도움을 주고 아이가 작문 기법을 익혀 재능을 한층 키울 수 있도록 이끌 능력 있는 사람들이 있다. 이런 사람들이 아직 너무 부족하다는 것이 안타깝다. 그러나 여러 면으로 노력하고 있어 앞으로는 그 사람들이 더 많아질 것이라고 확신한다.

취학 전 어린이와 시에 대해 몇 가지 더 이야기하고 싶은 것이 있다. 서너 살 무렵에는 운문으로 된 이야기에 열심히 귀를 기울이고 (3, 4백 행 되는 긴 것도 마찬가지다), 서너 번만 들으면 처음부터 끝까지 외워 버린다. 또 아이들은 되풀이해서 읽고 또 읽어 달라고 한다. 때로는 연달아 몇 번이고 읽어 달라고 할 때도 있다. 그래서 부모나 할머니, 유치원 선생님을 지치게 만들어 버린다. 이것을 걱정하는 사람도 있다. 시를 너무 많이 읽어 주면 아이의 머리에 무리가 가는 건 아닐까? 그렇지만 아이들은 머릿속에 저장된 것을 자기 기분이나 필요에 따라 어떻게 다루어야 할지 알고 있기 때문에 전혀 부담스러워하지 않는다. '두 살에서 다섯 살까지'의 아이들은 놀라운 기억력으로 시를 외우고, 정신력이 높아지고 정서가 발달하는 데 보탬이 되도록 이용한 다음에는 일부분만 기억에 남기고 나머지 부분은 '벗어던진다.'

취학 전 아이들이 노래를 만드는 것과 시를 듣고 외우길 좋아하는 것은 아이들의 정신력이 높아질 때 일시적이지만 아주 강력한 욕구를 충족시키기 위한 것이다. 아이 교육에 책임이 있는 사람들은 이 '시적 시기'를 잘 활용해야 할 것이며 이 시기에 시가 아이들 생각과 감정을 형성하는 데 가장 강력한 도구가 된다는 것을 명심해야 한다. 시가 언어를 풍부하게 하고 발달시키는 데 도움이 된다는 것은 말할 필요도 없다. 나긋나긋한 리듬과 음악적 가락에 따라 만들어진 아름다운 단어들에 영향을 받으며 아이들은 즐겁게, 조금도 힘겨워하지 않고 어휘와 구문을 발달시키는 것이다.

그렇다면 어린아이를 위해 시를 쓰는 우리 작가들은 아이들의 이런 욕구를 어떻게 충족시킬 것인지 고민해야 할 것이다. 아이들이 우리 시를 사랑하고 친근하고 소중하게 여기게 하려면 어떤 형태로 시를 쓰고, 어떤 미적 기준을 적용해야 할 것인지 말이다. 이 책의 마지막 장에서는 '두 살에서 다섯 살까지'의 아이들을 위한 글을 어떻게 써야 좋을지 논할 것이다. 다음 장에서는 무의미시에 아이들이 어떻게 반응하는지 이야기하겠다.

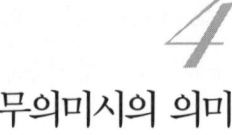

무의미시의 의미

편지

이런 편지를 받았다.

"추콥스키 동지, 부끄러운 줄 아시오. 나무에 신발이 달린다느니 어쩌느니 하는 말도 안 되는 이야기를 우리 아이들의 머릿속에 집어넣다니. 나는 당신 책에서 이런 허황한 시를 읽고 분개했습니다.

> 개구리는 하늘을 날고,
> 물고기는 어부의 무릎에 앉고,
> 생쥐는 고양이를 잡아
> 쥐덫에 넣고 가뒀네.

왜 실제 사실을 이렇듯 왜곡합니까? 아이들에게 필요한 것은 쓸모 있는 지식이지 닭처럼 우는 북극곰 같은 허황한 이야기가 아닙니다. 아동문학 작가가 할 일이 그런 것입니까? 아동문학 작가들은 아이가 세계를 잘 이해할 수 있도록 해 주어야지 온갖 헛소리로 아이들의 머리를 혼란스럽게 해서는 안 됩니다."

이 편지를 읽으면서 나는 낙심했을 뿐 아니라 숨이 막히는 듯했다. 얼마나 꽉 막히고 답답하고 무지한 태도인가! 이런 태도는 나 자신과 내 변변찮은 시에 관련된 문제일 뿐 아니라 아이들이 읽을거리에 관한 중대한 원칙에서도 큰 문제다. 아이들이 읽을거리는 오로지 '상식'에 바탕을 두고 결정될 수만은 없는데, '상식'이란 때때로 과학적 사실에는 대척되기 때문이다.

이 편지를 보낸 사람이 불쌍하다는 생각마저 들었다. 그 사람의 손을 잡고 햇살 아래로 데려가, 진심을 담아서 그가 편협한 마음의 동굴에 갇혀 이해하지 못하는 것들을 아주 쉬운 말로 이야기해 주고 싶었다.

'상식' 밖에 다른 것도 아는 사람이라면 그렇게 해롭게 보이는 허튼 소리가 아이들이 자기를 둘러싼 세상을 이해하는 데 방해되는 게 아니라 오히려 현실감을 강화해 준다는 것을 이해했을 것이다. 아이들이 세상을 잘 이해할 수 있도록 가르치기 위해서 바로 이런 무의미 시를 보여 줘야 하는 것이다. 아이들에게 현실감을 길러 주려면 환경에 익숙해지도록 하는 방법도 있지만 환상을 통해서도 그렇게 할 수 있다.

고양이를 탄 티모시카

편지를 쓴 사람이 이 말을 이해할 수 있도록 하기 위해서 이런 이야기를 들려주고 싶다.

(엄청난 교육적 효과를 가진 명시인) 러시아 전래동요에는 사람이 말을 타고 가는 내용보다 고양이나 닭 같은 동물을 타고 가는 내용이 더 많이 나온다는 것을 혹시 알고 있는지?

> 골짜기에 천둥이 치네.
> 포마가 닭을 타고 갈 때,
> 티모시카는 고양이를 타고
> 꼬부랑길을 달리네.

그렇다. 러시아 전래동요를 보면 사람이 탈 수 없는 동물이 없는 것 같다.

> 할머니가 양을 타고
> 가파른 산을 올라가네. ……

> 사냥개를 타고
> 수의사한테 가라. ……

> 마샤는 작은 오두막을 나와
> 조그만 참새를 탔어요. ……

페탸는 거위 부리를 잡고
밭 갈러 들로 나갔다. ……

이 노래들은 전부 표준적인 것, 그러니까 사람은 탈것으로 말을 이용한다는 상식에서 벗어나 있다. 이런 '터무니없는 소리'를 어떻게 설명하겠는가? '두 살에서 다섯 살까지'의 시골 아이들은 어떤 까닭에서인지 노래에 말을 탄 사람이 나오는 것을 거부한다. 아이들은 말이 교통수단이라는 중요한 사실을 알게 되자마자, 사실을 다 알면서도 교통수단이 될 만하지 않은 동물에게 그 일을 맡긴다.

시내를 따라, 강을 따라
빨간 머리 아저씨가 비버를 타고 간다.
가다가 빨간 얼굴 아저씨를 만났는데
배가 아니라 멍청하게 생긴 염소를 타고 있네.

아이들은 어떻게 해서든 말(馬) 대신 다른 이상한 것을 죄다 집어넣으려고 하고, 그게 말(言語)이 안 되면 안 될수록 더 좋아한다.

요리사가 덜컹거리는 짐마차를 탄다.
프라이팬이 끄는 짐마차.

아이들 눈에는 커다랗게 보이는 말 같은 동물을 눈에 잘 보이지도 않는 딱정벌레 같은 걸로 바꾸어 놓기도 하는데, 그럴 때 정상적인 것을 거부하는 아이들의 기이하고 별난 취향은 더욱 두드러진다.

> 조그만 아이들이
> 조그만 딱정벌레를 타고
> 소풍을 가네.

그렇지만 아이들이 이렇게 정상적인 것을 거부하더라도 정상적인 것이 무엇인지는 확실하게 알고 있다는 점을 지나쳐서는 안 된다. 시에 나오는 주인공이 어떤 딱정벌레를 타고 가든 간에, 아이들은 눈에 보이지는 않지만 항상 말(馬)을 머릿속에 담고 있다. 때로는 말을 등장시킬 때도 있는데 그때는 말을 거부하는 것을 더 뚜렷하게 드러내기 위해서 말을 등장시킨다.

> 말에 마구를 메웠지만
> 말이 꿈쩍하지도 않네.
> 모기에 마구를 메우니
> 모기가 온 힘을 다 해
> 마구간으로 달려가네.

기존 질서를 침해하려는 경향은 러시아 전래동요에서만 볼 수 있는 것은 아니다. 예를 들면 영국 전래동요에서도 말 타기를 다른 형태로 변형한 것을 많이 볼 수 있다. '수탉에 안장을 얹고 암탉에 마구를 씌워야지', '잭네 엄마는 거위를 잡아 등에 타고 달로 날아갔네. ……'

그런 한편, 영국 사람들은 수세기 동안 항해를 하고 살았으므로 항해를 시로 노래하면서 표준적인 것에서 벗어나는 모습도 보인다. 이 시의 주인공들은 바다에 가장 어울리지 않는 배를 타고 항해한다. 어떤 사람은 목욕 통을, 어떤 사람은 국자를, 또 어떤 사람은 체를 탔다. 이 세상에 있는 모든 물건 가운데 체야말로 항해하기에 가장 부적당한 물건일 것이다. 바로 그 이유 때문에 체가 영국 전래동요에 나오는 것이다.

아이가 당연하고 확고한 현실을 싫어하는 것은 보편 현상이다. 전래동요에서 말 타는 행위가 변형된 형태는 헤아릴 수 없이 많이 나타난다. 말이 정상적으로 등장하더라도 표준적인 것을 거부하기 위해 다른 수단을 사용한다. 말과 마차를 묘사하는 데 일반적으로 쓰는 형용사를 뒤바꿔 놓는다거나,

나무 말에 매 놓은
얼룩 마차를 타고 간다.

또 말을 탄 사람과 말을 타고 가는 공간이 뒤바뀌거나,

마을이 말을 타고

농부를 지나간다.

말을 탄 사람이 이상한 방향을 보고 앉아 있게 한다.

말 등에 거꾸로 앉아서
사냥을 하러 갔다.

다시 말해 말을 타고 가는 사람의 모습을 구성하는 요소들은 그대로 남겨 둔 채 이런저런 방식으로 변형을 하는 것이다.
　사물을 일부러 부정확하게 나란히 놓는 수법은 문학 작품에도 사용되며, 아이들이 좋아하는 동요에서는 한 장르로 확고하게 자리 잡았다. 예를 들면, 아래 노래에서는 양립할 수 없는 모습이 동시에 나타난다.

할머니는 말을 타고
멋진 마차에 대 자로 뻗어 있네.

아이들과 '뒤죽박죽시'

　앞에 인용한 노래들은 수세대에 걸쳐 러시아 아이들이 받아들이고 인정한 것이다. 세대마다 부모와 조부모들이 아이들에게 들려주는 노래에는 좋은 것도 있고 평범한 것도 있지만, 아이들의 욕구와 취향에 가장 잘 맞는 것만 기억 속에 남을 것이다. 이 아이들이 나이가 들면 어린 시절에 들은 전래동요 가운데서 가장 좋았던 것, 가장 생생하게 기억에 남았던 것을 손자들에게 전해 줄 것이다. 아이들의 비위에 맞지 않거나 조화롭지 않은 것은 잊혀지고 사라진다. 후대에 전달되지 않기 때문에 다음 세대의 아이들은 이 노래를 모르게 되는 것이다.

이런 방식으로 옥석을 가리는 것은 가장 신뢰할 수 있는 선별 방법이다. 아이들이 이어가고 전했기 때문에 특히 빼어난, 소중한 보물 같은 노래를 전승할 수 있다. 천 년을 이어 온 세월 속에서 아이들 마음에 맞지 않는 것은 사라지고 잊혀진다. 이렇게 해서 언어나 리듬이 전형적이고, 아이의 지적 욕구에 이상적으로 들어맞는 노래만 남아 있게 되었다. 그렇기 때문에 좋은 전래동요는 교육에 활용하기 좋다.

영국에서 《마더 구즈》라고 하는 책도 이렇게 해서 탄생한 것이다. 《마더 구즈》에 실린 동요도 여러 세대에 걸쳐 아이들이 무의식중에 집단으로 선택한 것이다. 이 책은 이렇게 몇천 번이나 체질 속에서 걸러진 노래로 구성되어 있는데 이 책 없이는 영국, 스코틀랜드, 오스트레일리아, 캐나다 아이들의 어린 시절을 상상하기 어려울 정도이다. 이 책에 실린 노래 가운데 많은 노래가 4, 5천 년 전에 만들어진 것이다. 예를 들면 〈고담의 세 현자〉는 14세기 중반에 이미 옛 노래라고 여겼다.

그렇다면 아이들 교육에 훌륭하게 쓸 수 있는 전래동요에는 왜 그렇게 희한하고 기이한 것이 많고 일반적 사실과 동떨어진 것을 추구하는 게 많은가 하는 질문을 던져 봐야겠다. 수세기에 걸쳐 수백만이 넘는 아이들이 인정한 전형적인 동요는 왜 고집스럽게 현실을 위배하는 데 빠져 드는가?

나는 말 탄 사람이라는 한 가지 주제만 이야기했지만 어린이들이 즐기는 구비문학을 살펴보면 아이들이 이해할 수 있는 모든 주제가 이처럼 다루어진다는 것을 알 수 있다. 세 살짜리 아이는 사물과 사건에 질서가 정해지는 것을 도무지 참을 수 없기라도 하는 것처럼.

많은 시들이 세상에서 겪는 일들을 서로 뒤바꾸고 뒤죽박죽으로 만들기 위해 공을 들이는 듯이 보인다. 이런 뒤죽박죽 상태는 사물이 맡은 구실을 서로 뒤바꿔서 만들어질 때가 많다. 그렇게 해서 허무맹랑한 이야기가 전래동요의 내용이 되고 러시아 아이들에게 널리 알려지게 되었다.

> 바다에서 옥수수 가마가 타고
> 배는 옥수수 밭을 달리네.

이 구절에서는 여섯 가지 사물이 아주 이상하게 얽혀 있다. 바다와 가마, 배와 밭, 물과 불. 영국 민담에도 바다와 숲이 뒤바뀌는 비슷한 내용이 있다. '황야에서 만난 사람이 물었다. "바다에서는 딸기가 얼마나 많이 자라나요?"(나는 대답했다. "숲에서 자라는 훈제 청어* 수만큼요.")'

---

* 영어에서 '훈제 청어'에는 사람의 주의를 딴 곳으로 돌리게 하는 것, 남을 속이는 것이라는 뜻도 있다. (옮긴이 주)

아이들이 이런 재미난 노래를 즐길 수 있으려면 청어는 바다에서, 딸기는 숲에서 자란다는 사실을 알고 있어야 한다는 것을 다시 반복해서 강조하고 싶다. 예를 들어 아이들이 얼음은 추울 때만 언다는 사실을 모른다면 이런 노래에서 아무런 재미를 느끼지 못할 것이다.

세 꼬마가 얼음에서 미끄럼을 타네,
어느 여름날.

무엇보다도 이 사실을 명심해야 한다. 이런 말이 안 되는 노래를 아이들 또한 말이 안 되는 것으로 생각한다는 것이다. 단 한순간도 그게 진짜라고는 생각하지 않는다. 사물에 부적당한 기능을 부여하는 것에서 즐거움을 느끼는 것이다.

러시아에서 구전되는 이야기 가운데는 이런 장난기가 말실수하는 형태로 된 것도 있다.

"우유에 병을 담아……."
"허리띠가 허리에 농부를 매고……."
"저것 봐, 문이 개를 보고 짖어……."
"농부가 개를 쥐고 막대를 때렸다……."
"반죽이 여자를 짓이긴다……."

이런 불일치를 이용한 놀이도 있다. 오래전부터 아이들이 즐겨 부르는 다음 노래를 예로 들 수 있다.

4장 무의미시의 의미

장님이 보고
귀머거리가 듣고
절름발이가 달리고
벙어리가 소리쳤다. "도와줘."

애들아 들어 봐.
시시껍적한 노래를 불러 줄게.
"암소가 자작나무 위에 앉아
콩을 뜯어 먹었어."

  작지만 질서정연한 아이들의 세계, 아이들이 이제 갓 알게 된 세계에 끝없이 뒤죽박죽 혼란을 주고 싶어 한다는 것을 증명하는 이런 노래는 수없이 많다.
  아이들의 이런 욕구는 어느 시대, 어느 나라에서도 건강한 아이 누구에게서나 볼 수 있는 것이다. 어떤 사물과 어떤 사물이 서로 어울리고, 어떤 것은 그렇지 않은지 확실하게 이해하기 시작하면서 아이들은 곧 부조리한 노래를 즐기게 된다. 왜 그런지는 알 수 없으나 아이들은 다리 없는 사람이 달리고, 물이 불타고, 말이 기수를 타고 달리고, 소가 자작나무 위에서 콩을 뜯어 먹는 뒤죽박죽 세계에 매료되는 것이다.
  나는 전래동요에서 이런 노래를 특별한 범주로 구분해서 '뒤죽박죽시'[1]라고 부르고, 이런 시가 아이들의 교육에서 어떤 실용적인 구실을 하는지 확인하고자 했다. 이런 이상한 노래가 아이들의 정신이 발달하는 데 이바지하지 않는다면 엄청난 양으로 수세기에 걸쳐 아이들에게 꾸준히 전달되고 이어졌을 리 없다고 생각한 것이다.

그렇지만 나는 한참 동안 아이들이 왜 이런 뒤죽박죽 세계에 이끌리는지 이유를 찾지 못하고 고민하고 있었다. 러시아에서도 다른 나라에서도 이 점에 대해 말한 사람을 찾지 못했다.

그런데 마침내, 이 이상스런 현상에 대한 설명을 책이 아닌 생활 속에서 발견하게 되었다. 두 살 난 우리 딸아이가 수수께끼의 해답을 준 것이다.

우리에게는 아주 보잘것없는 것이지만 그때 딸아이한테는 닭이 꼬끼오하고 울고, 개가 멍멍 짖고, 고양이는 야옹하고 운다는 사실이 엄청난 정서적, 정신적 활동을 불러오게 하는 원천이었다. 그 나이 또래 아이들은 대부분 그럴 것이다.

단순한 지식이지만 딸아이한테는 대단한 지적 성취였다. 아이는 수탉에게는 '꼬끼오'를, 고양이에게는 '야옹'을, 개에게는 '멍멍'을 영구히 확고하게 연결시키고, 자신의 해박한 지식을 자랑하기 위해 계속해서 그 사실을 알렸다. 이 지식은 꼬마들이라면 다 좋아하는 동물의 세계에 명료성과 질서, 균형을 가져다 주는 것이었다.

그런데 생후 23개월이 지난 어느 날, 아이는 무슨 음모라도 꾸미고 있는 듯 장난기가 어리고 동시에 어쩐지 불안스러워 보이는 표정으로 나에게 다가왔다. 전에는 아이의 조그만 얼굴에 이렇게 복잡한 표정이 나타난 것을 본 적이 없었다.

아이는 내가 앉아 있는 곳까지 다 오기도 전에 마음이 급한지 이렇게 소리쳤다.

"아빠, 가아지 — 야옹!"

아이는 나에게 강아지가 멍멍 짖는 대신 야옹 울었다는, 분명히 잘못된 선정적인 소식을 전해 준 것이다. 그러고는 이 꾸며 낸 이야기에 나도 동조해 같이 웃어 주기를 바라는 듯한 기색을 보이며 꾸민 듯한 웃음을 터뜨렸다.

그러나 나는 사실주의적인 태도를 보였다.

"아니지, 강아지는 멍멍하잖아."

"가아지 — 야옹!"

아이는 다시 반복하고 웃으면서 내 표정을 살폈다. 아이는 이 비정상적이고 새로운 것을 어떻게 생각하는 게 좋을지 확신이 가지 않아 약간 겁을 먹은 채 내 눈치를 살핀 것이다.

나는 아이의 놀이에 맞장구쳐 주기로 하고 이렇게 말했다.

"수탉도 야옹했지!"

이렇게 해서 나는 아이의 대범한 지적 시도를 허락해 준 것이다. 피론*의 빼어난 에피그램을 듣고 유식한 어른들이 고개를 끄덕이며 웃는 웃음도 두 가지 기본 개념을 뒤집어 놓은 내 소박한 농담에 딸아이가 기뻐하며 웃은 데 미치지 못할 것이다. 이 농담이 딸아이가 처음으로 인지하게 된 농담이다. 태어난 지 23개월 만에 생긴 일이

---

* 피론은 프랑스의 에피그램 작가이자 극작가이다. 에피그램이란 경구라고도 하며 어떤 생각을 표현하는 짧고 재치 있는 문구 또는 시구이다. 풍자나 모순된 내용을 담고 있기도 하다. 예를 들면, 존 드라이든의 에피그램 '여기 내 아내가 영원히 잠들다. / 이제 편히 쉴 수 있겠구나. — 나도' 같은 것이 있다. (옮긴이 주)

다. 기분에 따라 세상을 뒤죽박죽으로 만들어도 위험하지 않을 뿐 아니라 그게 무척이나 재미있다는 걸 깨달은 것이다. 물론 세상을 이렇게 거꾸로 표현해도 세상은 본디 그대로 남아 있다는 조건 아래에서 그렇다. 아이는 서로 연관된 사물을 동시에 반대로 표현한다는 코미디의 기본 요소를 한순간에 파악한 것 같았다. 농담의 원리를 깨우치고 나자 아이는 동물과 동물 소리를 끝없이 이상하게 조합해 내며 그 농담을 되풀이해서 즐겼다.

나는 그 순간 전래동요에 자주 등장하는 내용, 곧 앞뒤가 맞지 않는 것, 부조리한 것, 사물과 기능 사이의 연관을 끊어 놓는 것에 아이가 빠져 드는 이유를 이해할 수 있었다. 이런 데 정신을 기울이는 것은 아이의 지적, 정신적 삶에서 무척 중요한 구실을 하는데, 그 핵심에 있는 것은 놀이, 특수한 기능을 가진 놀이인 것이다.

뒤죽박죽시의 교육적 가치

본디 아이들이 부르는 노래는 놀이에서 나온 것이 많지만 뒤죽박죽시는 그 자체로 놀이가 된다.

최근 D. B. 엘코닌, A. P. 우소바, D. B. 멘제리츠카야 같은 사람(고리키와 마카렌코는 말할 것도 없고)들이 쓴 글에서 아이들의 이런 놀이에 대해 많이 알 수 있었다. 그런데 여기에는 머리로 하는 놀이가 한 가지 더해져야 한다. 아이들은 구슬, 블록, 인형만 가지고 노는 게 아니라 생각을 가지고도 놀기 때문이다. 아이는 한 가지 생각을 완전히 자기 것으로 만들고 나면 곧 그것을 장난감으로 삼으려 한다.

머리로 하는 놀이에서 가장 자주 사용되는 방법이 바로 사물의 정상적인 관계를 뒤집어 놓는 것이다. 어떤 사물에 다른 사물의 기능을 부여하고, 또 그 반대로도 한다. 두 살짜리 우리 딸이 상상의 개가 '야옹' 거리게 만들었을 때도 이 놀이를 하고 있었던 것이다. 이 놀이를 함께 하기 위해 나는 바로 그것과 비슷한 뒤죽박죽으로 된 시 한 편을 만들었다.

돼지가 야옹한다.
야옹! 야옹!

고양이가 꿀꿀한다.
꿀꿀! 꿀꿀!

오리가 꼬꼬한다.
꼬꼬댁! 꼬꼬!

닭이 꽥꽥한다.
꽥꽥! 꽥꽥!

참새가 종종 뛰어와
소처럼 음매한다.
음매애! 음매애!

곰이 달려와

목을 빼고 운다.
꼬끼오!

이 시는 아이에게 '정리'를 해 줄 목적으로 쓴 것이다. 시를 쓰면서 나는 아이에게 줄 장난감을 만드는 목수가 된 것 같은 기분이었다. 장난감에서 가장 중요한 요소는 아이들이 그것을 재미있는 것으로 여겨야 한다는 것이다.

아이들이 사물의 정확한 관계를 잘 알면 알수록 놀이로 그걸 어긋나게 만드는 것을 더 재미있고 우습게 느낀다.

그래서 콜랴 실로프라는 아이는 종이 울리고 새가 나는 흔한 문구를 꼬아 놓고 그렇게 신나게 웃은 것이다.

"새가 울리고, 종이 난다!"

세 살 때 콜랴는 이렇게 말하고는 뒤집어질 정도로 신나게 웃었다.

콜랴는 두 살밖에 안 되었을 때도 자기 삼촌을 '이모'라고 부르고 이모는 '삼촌'이라고 부르면서 좋아했다. "마냐 삼촌! 마냐 삼촌!"

화가 콘스탄틴 카잔스키는 네 살 난 자기 딸이 몇 시간 동안이고 계속 이런 노래를 부른다고 나한테 이야기했다.

우유(milk) 한 조각 줄게
비단(silk) 한 병 줘.

아이 할머니는 그럴 때마다 바로잡아 주고 결국 화를 냈다고 한다.

아이들은 거의 누구나 다 성장하면서 어느 단계에서는 뒤죽박죽시를 가지고 놀기 좋아한다. 놀이는 재미있는 오락거리가 되지만 그게 주된 기능은 아니다. 오히려 놀이를 할 때 아이들은 아주 진지해진다. 바로 지금 내 방 창 아래에서 남자아이가 얼굴을 찌푸리고 뛰어다니고 있는데, 벌써 두 시간째 자기가 기관차라고 생각하고 있다. 힘들지만 꼭 해야만 하는 일을 해 나가고 있는 듯, 상상 속의 레일 위를 칙칙폭폭하고 경적을 울리고 증기도 내뿜으며 고집스럽고 진지하게 달리고 있다. 이 놀이는 아이가 제일 좋아하는 놀이지만 노는 내내 웃음소리는 단 한 번도 들리지 않았다. 아이는 강둑과 집 사이를 끝없이 오가는 일에 집요하고 엄숙하게 빠져 있다. 이 놀이를 하는 동안 아이는 사람 얼굴이 아니라 진짜 기관차 모습을 하고 있는 것이다.

앞에서 말한 머릿속의 놀이를 아이가 재미있게 생각하는 것은 무엇보다도 사물을 뒤집어 놓는 것에서 재미난 효과가 나오기 때문이고, 두 번째로는 아이가 그것을 순수한 놀이로 생각하기 때문이다. 방금 전에 말한 기차놀이처럼, 다른 놀이를 할 때에도 아이는 스스로 자기 자신을 속이며(자기가 기차라고 생각한다), 그 놀이에 흠뻑 빠져 스스로를 더 많이 속이면 속일수록 더 재미있게 놀게 된다. 뒤죽박죽시에서는 상황이 정반대다. 이러한 속임수를 크게 깨달으면 깨달을수록 놀이가 재미있다. 그게 거짓이라는 것을 가장 먼저 깨달아야 한다.

물론 놀이가 제대로 이루어지려면 이런 환상에도 어느 정도 한계가 있어야 한다. 아이들은 모래밭에서 모래로 빵을 만들며 놀 때 모래 빵을 직접 입에 넣을 정도로 환상에 푹 빠지지는 않는다. 아이들은 언제나 환상을 통제할 수 있고 한계를 잘 알고 있다. 환상 속에서도 아이들은 확고한 현실주의자다. 그렇지만 자기가 기차라고 생각하는 아이의 경우에는 상상 속에서 만들어 낸 이 환상을 굳게 믿고, 스스로를 잊어버릴수록 놀이가 재미있다. 그러나 반대로 뒤죽박죽시를 가지고 놀 때는 아이들이 단 한순간도 사물의 실제 관계나 위치를 잊지 않아야만 재미가 있다. 다른 놀이를 하고 놀 때와는 정반대되는 상황인 것이다. 다시 말해 자신의 머릿속에서 창조해 낸 환상이 사실이라고 손톱만큼도 믿지 않아야 재미가 있는 것이다.

　벙어리와 장님의 특징을 자기 뜻대로 뒤섞어 벙어리가 소리를 지르고 장님이 볼 수 있게 만드는 것을 놀이로 여기려면 아이들이 벙어리와 장님의 본디 특징을 정확하게 알고 기억하고 있어야만 한다. 아이들은 환상 속에 빠져 드는 것이 아니라 환상을 드러내면서 진실이 승리하게 만든다.

　놀이를 놀이로 인지하는 것이 재미를 더해 주지만, 아이들이 이런 놀이를 할 때에는 오로지 재미만 쫓는 것은 아니라는 점을 다시 반복해서 이야기해야겠다. 다른 놀이에서도 마찬가지지만 주된 목적은 사물에 대한 지식을 확인하는, 새로 익힌 기술을 사용하는 것이다. 아이들은 사물의 본디 관계를 뚜렷하게 알 때만 뒤집힌 관계에서 재미를 느낀다는 것이 여기에서 말하고자 하는 핵심이다. 예를 들어, 아이들은 뜨거운 것에 닿으면 덴다는 지식을 알게 되면 바로 우스꽝스러운 사람이 차가운 죽에 데었다는 재미난 영국 전래동요를 즐기게 된다.

그래서 이런 머릿속의 놀이는 아이들이 주변 세상에 관한 개념을 익히려는 지적 노력이 성공했다는 뜻이다.

예를 들어, 아이들이 큰 것은 강하고 작은 것은 약하다는 것을 알게 되었고, 동물 몸집이 크면 클수록 힘이 세다는 것을 머리에 새겼다고 해 보자. 힘과 크기의 연관 관계가 확고하게 머리에 들어오면 아이들은 그걸 가지고 놀기 시작한다. 본디 연관 관계와 반대되는 것으로 바꾸어 놓는 놀이다. 그래서 아이들이 부르는 노래에는 아주 작은 벌레에 커다란 동물이 지닌 특징을 부여한다든가 하는 것이 수없이 많다. 조그만 파리의 죽음을 우주적 규모의 비극으로 극화한 아래 노래 같은 것이 그 예다.

> 바닷물이 출렁이고
> 지구가 신음했다.
> 파리가 물에 빠졌을 때.

작고 가벼운 것을 거대하고 육중한 언어로 익살스럽게 묘사하는 것은 전래동요의 뒤죽박죽시에서 가장 잘 쓰는 수법 가운데 하나다. 영국 전래동요에서 얼뜨기 사이먼*은 양동이에 낚싯줄을 드리워 고

---

* 영국 전래동요에 나오는 바보스러운 인물.(옮긴이 주)

래를 낚는다. 또 다른 시에서는 스물네 사람이나 되는 재봉사 '부대'가 달팽이를 타고 가다가 조그만 달팽이가 뿔을 드러내자마자 혼비백산해 도망간다. 이 노래에서 이렇게 사물의 특징을 뒤바꿔 놓은 이유는 재봉사들이 겁이 많다는 것을 강조하기 위해서다. 이유가 어떻든 이 놀이의 핵심은 사물의 정상적 위치, 관계, 특질을 뜻하는 대로 뒤바꿔 놓는 것이다.

이렇게 뒤바꿔 놓은 것을 바보스럽다고 하는 경우도 많다. 조그만 낚싯대로 고래를 낚으려고 하는 사이먼을 '얼뜨기'라고 한다. 자기 행전(발목에서 무릎 아래까지 바지 위에 감은 천 - 옮긴이)을 먹고 신발을 삼키는 러시아의 모토르니도 영국의 사이먼 못지않은 바보다. 바보를 이용해 사실을 다르게 해석하고 그릇되게 하는 것을 아이들은 무척이나 만족스러워한다. 자기를 둘러싼 세계에서 기본이 되는 것도 모르는 바보들을 보고 지적 우월감을 느끼기 때문이다. 기존 질서와 반대로 행동하는 바보가 나오는 온갖 노래와 이야기에서 아이들은 '난 쟤들만큼 바보는 아냐' 하는 만족감을 느낀다.

> 저 바보는 뭘 하든 간에
> 다 틀리게 해!

이런 노래와 이야기가 맡은 기능은 분명하다. '틀린' 것이 나올 때마다 아이들은 '맞는' 것이 무엇인지 깨닫고, 정상에서 벗어나는 게 나올 때마다 정상에 대한 개념이 강화되는 것이다. 그래서 아이들은 확고한 현실 인식을 더 소중히 여기게 된다. 아이들은 자신의 지적 역량을 시험해 보고 시험을 언제나 통과한다. 그러면 자부심이 강화되고 지적 능력에 대한 자신감도 더해진다. 이런 자신감은 혼란스러운 세계에서 아이들이 낙담하지 않기 위해서 꼭 필요한 것이다. '나는 차가운 메밀 죽에 데는 사람이 아니야. 나는 달팽이를 무서워하지 않아. 나는 절대로 바다 밑에서 딸기를 찾으려고 하지 않을 거야.' 뒤죽박죽시 놀이의 중요성은 이러한 확인과 자기 검증에 있다. 아이들에게 자신감을 준다는 것이 뒤죽박죽시가 즐거움을 주는 또 다른 이유이다. 스스로를 높이 평가하는 것이 아이들에게는 반드시 필요하기 때문에 뒤죽박죽시는 쓸모 있는 것이다. 아이들이 칭찬과 인정을 받으려고 애쓰며 아침부터 저녁까지 하루 종일 자기 능력을 자랑해 보이는 것은 괜히 그러는 것이 아니다.

아이들은 눈앞에서 다른 사람들이 하는 행동을 자기는 할 수 없다는 것을 받아들일 수가 없는 것이다. 그게 무슨 행동이건 간에 두 살배기는 그 행동을 하는 사람을 경쟁자로 여기고 반드시 이겨야 한다고 생각한다. 아이들이 자신의 무능력 때문에 괴로워하지 않는 이유는 자기 능력에 한계가 있다고는 전혀 생각하지 않기 때문이다. 때로 자신이 능력 없다고 어느 정도 인정해야 할 때는 울음을 터뜨리고 만다.

아이들은 콜럼버스가 되어 모든 것을 새로 발견하고자 한다. 무엇이든 다 만져 보고 입에 넣어 보아, 알지 못하는 것을 알아 가고 세상에서 벌어지는 일들을 익히려고 한다. 자기가 모르는 것이 있다는 것은 몸이 아픈 것처럼 고통스러운 일이기 때문이다. 이렇게 주위의 모든 것에 대한 불타는 듯한 호기심이 생존을 위해 필요한 기본적이고 필수적인 지식을 깨친 뒤에도 사라지지 않고 남아 있다면 스무 살에는 누구나 다 대단한 화학자, 수학자, 식물학자, 동물학자가 되어 있을 것이다.

다행스러운 것은 자기 주위에 이해할 수 없는 것이 얼마나 많은지 아이들은 전혀 모르고 있다는 것이다. 아이들은 항상 달콤한 환상에 빠져 있다. 아이들은 순진하게도 자기가 사자 사냥도 할 수 있고, 오케스트라를 지휘할 수도 있고, 바다에서 헤엄칠 수도 있다고 믿는다.

호기심이 넘치는 야심만만한 탐험가인 아이들은 자기가 이미 엄청나게 많은 지식을 완전히 정복했다는 것과, 실수를 하는 사람은 자기가 아니라 다른 사람이라는 것을 확인할 때 행복해한다. 다른 사람들은 겨울에만 얼음이 얼고, 차가운 죽에 혀를 델 수는 없고, 고양이는 쥐를 무서워하지 않고, 벙어리는 '도와줘' 하고 말할 수 없다는 것을 모르는 것 같다. 그렇지만 자기는 그런 사실을 너무나 잘 알고 있기 때문에 그것으로 장난을 칠 수도 있는 것이다.

아이들이 무언가 새로 알게 된 사실을 이용해 장난을 하기 시작한다면 그것을 정말 분명히 이해했다고 결론 내릴 수 있다. 현실 속에서 어떤 관계가 올바른지 확실해져야만 그 개념을 장난감으로 삼을 수 있기 때문이다.

아이들은 혼란스럽고 무질서한 것은 견딜 수가 없다. 아이들은 어디에나 규칙과 법칙이 있다고 믿고 그것을 발견하려고 애쓴다. 예기치 못한 모순된 상황이 나타나면 불편해한다.

우리 딸이 세 살 때, 어른들이 커다란 구름이 하늘을 가로질러 간다고 하는 말을 듣고 얼마나 우울해했는지 기억난다.

"구름은 다리가 없는데 어떻게 걸어가?"

아이는 눈물이 그렁그렁해서 이렇게 물었다.

아이 눈에 눈물이 고인 것을 보고 나는 많은 것을 깨달을 수 있었다. 이 아이는 최근에 힘겹게 정신적으로 분투하면서 다리가 있어야 걸을 수 있다는 결론을 내린 참인데, (항상 옳은 소리만 하는) 어른들이 뚜렷하게 모순되는 '사실'로 그 확신을 무너뜨린 것이다. 확고하다고 믿은 지식의 분야에 다시 혼란이 일어나자 아이는 당황하고 만 것이다.

어린아이들은 혼란스럽고 조각난 지식을 날마다 조금씩 축적하기 때문에 혼란스러움을 해소하고자 하는 이런 욕구가 없다면 다섯 살이 되기 전에 정신을 잃고 말 것이다. 아이들은 모든 현상을 끊임없이 분류해야만 한다. 이 힘겨운 일을 해 나가는 빼어난 기술이나, 혼란을 극복하고 아이들이 기뻐하는 모습을 보면 감탄할 수밖에 없다.

아이들은 분류하고 체계화하고 정리하는 데 천재이므로 이런 과정을 많이 사용하는 지적 놀이와 실험에 당연히 관심을 많이 기울이게 된다. 그래서 어느 시대의 아이들에게나 뒤죽박죽시가 인기 있는 것이다.

뒤죽박죽시가 만약 사물과 개념의 진짜 관계를 혼란스럽게 만든다면 아이들에게 해로울 것이다. 그렇지만 뒤죽박죽시는 개념을 혼란스럽게 만드는 게 아니라 오히려 뚜렷하고 분명하게 하고, 생동감을 부여하고, 강조한다. 현실감을 강화하는 것이다. 뒤죽박죽시의 교육적 효과는 여기에서 나온다.

뒤죽박죽시 놀이의 또 다른 중요한 점은 본질적으로 재미나다는 것이다. 뒤죽박죽시는 아이가 해학의 본질에 가까이 다가가게 한다.

아이에게 유머 감각을 길러 주는 것 또한 중요한 문제다. 유머 감각은 균형 감각을 길러 주고, 성장하면서 맞닥뜨리는 불쾌한 상황에서 여유를 가질 수 있게 해 주어 너그럽고 관대한 사람으로 자랄 수 있게 한다.

일반적으로 아이는 많이 웃어야 한다. 이 욕구를 충족시키기 위해 아이를 키우면서 웃을거리를 알맞게 찾아 주는 것은 쉬운 일이 아니다. 그렇기 때문에 나는 이 책 한 장에서 아주 무의미하게 만든 노래를 분석하고, 교육적 가치가 없어 보이는 무의미시도 아주 도움이 되고 쓸모 있다는 것을 증명하려는 것이다.

내가 이런 노래에 관심을 가진 것은 이 노래들이 너무나 오랫동안 허무맹랑한 것이라고 무시당하고, 심지어 해로운 것으로 치부되었기 때문이다. 러시아에서는 뒤죽박죽시로부터 아이들을 보호하는 것을 자기 의무로 여기지 않는 사람, 그러니까 프뢰벨* 같은 사람을 찾기가 불가능할 지경이었다.

나는 실추된 구비문학의 명예를 회복하기 위해 한편으로는 얼마

---

* 프리드리히 프뢰벨(1782-1852)은 독일의 교사, 취학 전 아동 교육 이론가로 '유치원(kinder-garten)'이라는 말을 만들어 냈다. (옮긴이 주)

전까지만 해도 동시를 고지식한 실용주의적 기준으로 평가하는 위험성을 지적하려고 했다. 오늘날에도 많은 비평가들이 이 기준을 버리지 않고 있다. 그러나 나는 문학에서도 과학에 바탕을 두고 진실을 추구하는 사람에게는 '상식'이라는 것은 믿을 만한 기준이 되지 못한다는 증거를 수없이 봤다.

'상식'이라는 편협한 틀을 벗어나 넓은 영역으로 나아가 직접 연구하고 비교 분석해 보아야 '상식'의 입장에서 지각없고 해롭다고 보이는 것이 실제로 쓸모 있을 뿐 아니라 반드시 필요하다는 것을 밝힐 수 있을 것이다.

그렇다고 해서 아이들에게 오로지 무의미시만 들려주어야 한다는 말은 아니다. 그렇지만 '무의미'를 완전히 제거한 아동문학은 서너 살 아이들에게 일어나는 자연스러운 욕구를 충족시켜 주지 못할 것이며, 건전한 정신의 자양분이 되어 주지도 못할 것이다.

적어도 나는 무의미시 때문에 단 한순간이라도 혼란에 빠진 아이는 하나도 보지 못했다. 오히려 아이들은 불합리한 것을 발견하고 실제 관계에 비추어 보는 놀이를 즐긴다. 이 노래는 바로 이런 목적을 위해 만들어진 것이다.

나는 아이들에게 온갖 신발들이 자라는 요술 나무가 나오는 내 시를 읽어 주곤 했는데 그러면 아이들은 이런 나무는 없고 신발, 슬리퍼, 장화, 고무장화는 가게에서 사는 거라고 나에게 가르쳐 준다. 아이들이 이 노래를 좋아하는 이유는 아주 쉽게 반박할 수 있기 때문이다. 이 노래를 반박하는 것은 아이들이 스스로를 시험하는 놀이가 된다. 이런 쓸모 있는 놀이를 위해 온 세계의 전래동요에 수없이 많은 뒤죽박죽시가 들어 있는 것이다.

이렇게 도움이 되는 지적 놀이의 재료를 아이들에게서 빼앗을 권리가 우리에게 있을까?

나는 이 문제에 대한 의견을 처음으로 밝히고 난 뒤에 내가 제안한 '뒤죽박죽시'라는 용어가 아동문학 분야에서 받아들여지기 시작한 것을 보고 무척 기분이 좋았다.[2]

그렇지만 곧 이런 문제를 염려하게 됐다. 내가 주장한 것과 현재 우리나라의 교육 원칙과 이상이 모순되지는 않는가? 무의미한 뒤죽박죽시가 유익하며 주변 세계에 대한 정확한 개념을 길러 준다는 내 믿음이 잘못된 것일 수도 있을까? 최근에 한 권위 있는 학자가 이 의문에 답해 주었다. 소련의 저명한 교육자 A. V. 자포로세츠 교수가 내가 주장한 기본 개념에 동의한 것이다. 그는 이런 말로 분명하게 동의하는 뜻을 표했다. "아이들은 현실에 대한 확신을 갖게 되면 온갖 뒤죽박죽을 만들어 즐기기 시작한다. 이렇게 뒤죽박죽된 것을 보고 웃으면서 아이는 자기 둘레에 실제로 존재하는 것에 대한 정확한 개념을 확인한다."[3]

일반적으로 좀 더 큰 취학 전 아이들을 위한 글에 나오는 무의미와 허구의 교육적 가치는 복합적이다. 이에 비추어 보면 얼마 전까지 우리나라의 '작은 사람을 위한 위대한 문학'을 판별하는 데 쓰이던 허술한 기준이 얼마나 불합리한지 알 수 있다.

우리나라 아동문학에는 뒤죽박죽 놀이를 이용한 빼어난 시가 한 편 있다. S. 마르샤크*가 쓴 〈스카테르브라인(Scatterbrain, 주의가 산만한 사람이라는 뜻 – 옮긴이)〉이다. 이 시는 셔츠를 바지 대신 입고, 장갑을 신발 대신 신고, 모자 대신 프라이팬을 쓴다든가 하며 우스꽝스러운 행동을 하는 남자를 유쾌하게 그린 시다. 그는 어찌나 정신이 없는지 이런 비슷한 행동을 계속해서 한다. 후렴구는 이렇다.

정말 재미있는 스카테르브라인,
바사인에서 왔어.

이 시는 엄청나게 인기를 누렸다. 1920년대에 출간되어 수십 번 판을 거듭하고 수십 가지 언어로 번역되었다. 레닌그라드에서 바사인 거리(네크라소프 거리로 이름이 바뀌었다)가 사라진 지도 오래되었지만 '바사인에서 온 스카테르브라인'은 상투적인 문구로 자리 잡았고 영화에서나, 거리에서나, 클럽에서나 늘 들을 수 있는 말이다. "바사인에서 온 스카테르브라인 같으니라구."

〈스카테르브라인〉에 나오는 꾸밈없고 유쾌하고 재치 있는 시행은 뒤죽박죽으로 가득하다. 수백만이나 되는 아이들이 이 노래를 좋아하는 이유는 바로 거기에 있는 것이 아닐까?

---

* 사무엘 마르샤크(1887-1964)는 소련의 서정시인, 아동문학가, 번역가이다.

무의미시를 반대하는 사람들

최근까지 소위 비평가라는 사람들이 아동문학에 들이대던 실용주의적 잣대를 받아들인다면, 뒤죽박죽시뿐 아니라 아이들이 좋아하는 전래동요를 전부 갖다 버려야 할 것이다.

실제로 이른바 '교육자'라는 사람들이 오랫동안 이런 일을 해 왔다. '허튼소리와 쓰레기'를 뿌리째 없애 버리려 했던 것이다. 그러나 아이들은 이들보다 더 질겼다. 아이들이 '헛소리'를 듣지 못하게 하는 것을 도덕적 의무로 여긴 '현명한' 교사와 부모들이 수세기 동안 공격했지만 버텨 낸 것이다.

당시에 어른에게 가장 필요한 지식이라고 생각한 것을 아이에게 가르치려면 적당한 나이가 될 때까지 기다려야 했는데 많은 교사와 부모들이 그러지 못했다. 16세기 영국에서 윌리엄 코플랜드라는 사람은 세 살짜리 아이를 위해서 《아리스토텔레스의 비밀》이라는 유익한 책을 출간하고 "아주 좋은 책"이라고 추천했다.[4]

아이들한테는 바다 밑에서 자라는 딸기에 관한 말도 안 되는 노래가 아리스토텔레스보다 더 유익하다는 소리를 감히 입 밖에 내었다가는 이 사람한테 어떤 취급을 받을지 안 보아도 뻔한 일이다.

16세기의 또 다른 아동문학 작가로 윈킨 드 워드라는 사람이 있는데 이 사람은 《현명한 세 살 어린이》라는 책을 썼다. 이 책은 세 살 독자에게 이런 질문을 던진다.

"하느님은 어떤 기적을 일으키어 우주를 창조하셨는가?"

당시의 아동문학가들은 아이들의 '아이다움'을 경멸했다. 아동기를 무슨 수를 써서라도 신속하게 치료해야 하는 질병과 같은 것으로 취급한 것이다. 아이들을 하루빨리 근엄한 어른으로 바꾸어 놓는 것이 이들의 목표였다.

그래서 머지않은 과거에도 온 세계 아동문학 중에서 밝고 행복한 책은 단 한 권도 찾아볼 수 없었던 것이다. 아이들과 함께 웃는 것은 품위가 떨어지는 일이라고 생각했다. 천재적인 이야기꾼으로 추앙받는 제프리 초서*도 아이들을 위해 글을 쓸 때는 마찬가지였다. 자기 아들을 위해 쓴《천체관측기에 대한 논문》은 지루하고 따분하기 이루 말할 수 없다. 갓난아기에게 엄마 젖 대신 비프스테이크를 먹이는 것에 비유할 수 있을 것이다.

역사적으로 어른들이 뭔가 구원의 비밀을 공유하고 있다고 믿을 때에 특히 아이들을 어른처럼 취급하는 경향이 강하다. 어른들이 자신의 '허기'를 채우는 데 쓰는 '비프스테이크'가 누구에게나 좋은 유일한 음식이라고 믿었기 때문이다.

그래서 청교도주의가 위세를 떨칠 때 아동문학가들은 아이들을 작은 코튼 매더**로 만들려고 애썼다. 그때는 죽음에 대해 논한 음울한 책을 세 살짜리 아이에게 적당한 책이라고 본 것이다. 그때 어린이용 책에서 전형적인 것으로《어린이를 위한 죽음의 전조》라는 책이 있다. '하느님의 사랑을 받는 경건한 아이들의 고통 없고 행복한

---

* 중세 영국 최고의 문학가로 평가받는 시인으로《캔터베리 이야기》들을 남겼다. (옮긴이 주)
** 코튼 매더(Cotton Mather, 1663-1728)는 청교도 성직자로 글 솜씨가 뛰어났으며 매사추세츠 지방에서 신학적, 사회적, 정치적으로 큰 영향을 미쳤다. (옮긴이 주)

죽음'에 관한 책이다. 〈착한 여자아이를 위한 경고〉와 같은 시는 아주 교훈적이고 가치 있는 글로 생각되었다. 아래와 같은 시다.

> 난 알아요, 거울을 보면
> 내가 무척이나 예쁘다는 걸.
> 하느님이 이렇게 예쁜 몸을 주셨지요.
> 하지만 고통스럽게도 이 몸은
> 지옥에서 영원히 불탈 운명이에요.

《천로역정》을 쓴 유명한 작가 존 버니언의 시 한 편도 예로 들어보겠다. 소련에서는 푸시킨이 발췌 번역한 것이 널리 알려졌다. 버니언은 아이들을 위해 《하늘의 표상, 또는 공허한 것이 영적인 것이 되다》라는 교훈적인 책을 펴냈다. 개구리에 대한 아래 시구가 그 한 예다.

> 차갑고 축축한 개구리
> 커다란 입과 게걸스런 배
> 뻔뻔하게도 추악한 개구리가
> 잔뜩 우쭐한 허풍선이처럼 꽥꽥 운다.
>
> 위선자들이여 네 모습이 바로 이렇지 않은가
> 차갑고, 오만하고, 비열하고,
> 입을 커다랗게 벌려
> 착한 사람을 모욕하고 악을 칭송하는구나…….

4장 무의미시의 의미　171

당대의 편협한 사람들은 이런 시가 아이들에게 이상적이라고 생각하고 입을 모아 칭찬하였다.

그때 나온 책이 아이들에게 불어넣고자 한 감정은 공포 단 한 가지였다. 미국 청교도 출판물 가운데 하나인 《아동 교본》에 실린 대화문이다.

"지옥에서 행복하게 살 수 있나?"

"아니요, 끔찍한 고통을 받아요."

"지옥에서는 누구와 함께 살게 되나?"

"악마 부대와 수백만이나 되는 죄인들과 함께 살아야 해요."

"그들이 위안이 될까?"

"아니요, 고통을 더 심하게 만들어요."

"네가 지옥에 간다면 언제까지 거기에서 고통을 받아야 하나?"

"영원히요."[5]

개신교 목사 토머스 화이트는 《아이들을 위한 작은 책》(1972)에서 영국 아이들에게 이렇게 충고했다.

"구전 민요나 어리석은 판타지 문학은 절대 읽지 말고, 성서와 아주 쉽고 경건한 책인 《평범한 사람이 하늘나라에 가는 길》이라는 책만 읽어라. 예수를 위해 목숨을 바친 사람들이 나오는 《순교자의 삶》이라는 책도 읽어라. 죽음, 지옥의 고통, 최후의 심판, 예수 그리스도의 수난에 관한 글은 특히 자주 읽어야 한다.[6]

여기에 끔찍한 순교자 이야기가 이어진다. 머리가 날아간 사람, 끓는 물에 삶긴 사람, 혀를 잘린 사람, 호랑이 굴에 던져진 사람들 이야기다. 화이트는 이 끔찍하고 고통스러운 이야기를 어찌나 즐기며 맛나게 들려주는지 사디스트라고 생각하지 않을 수가 없다.

그러나 청교도주의의 속박이 사라지고 난 뒤에도 '재미있는 이야기, 노래, 말장난'은 그 이유는 달랐지만 여전히 악한 것으로 여겨졌다.

이 시대에는 어른들이 과학에 관심을 갖게 되었고 아이들을 될 수 있으면 빨리 과학자로 만들고 싶어 했다. 산업혁명이 시작되고 실용주의의 대변인인 존 로크는 아동 교육도 실용주의 방향으로 나가야 한다고 주장했다. 교육의 목표는 최대한 빨리 지리·역사·수학 같은 유용한 과학적 정보를 아이들의 머릿속에 집어넣고, 어린애다운 행동이나 아이들이 본질적으로 좋아하는 게임·노래·놀이 따위를 하지 못하게 막는 것이 되었다. 아이들한테는 어른스럽고, 학문적이고, 쓸모 있는 것만 있으면 된다는 것이다. 로크가 정한 원칙에 따라 교육을 실시하여 가엾은 아이들은 다섯 살만 되면 지구의에서 어느 나라라도 짚어 낼 수 있게 훈련받았다.

안타깝게도 로크 방식으로 교육받은 아이들 가운데 많은 아이들은 열 살이 되면 바보가 되고 만다. 어린 시절을 빼앗기면 누구라도 바보가 될 수밖에 없을 것이다.

로크는 아동기를 자연의 실수, 우주의 혼란, 창조주의 부주의에서 나온 것이라고 보았다. 이 실수를 바로잡아야 하고 그것이 빠르면 빠를수록 좋다는 것이다. 아이가 태어날 때부터 로크처럼 박식하지 못하다면 최대한 빨리, 대여섯 살 무렵까지는 로크처럼 만들어야 한다.

로크는 아이의 진정한 욕구와 취향을 무시하였으므로 당연히 어린이 책, 전래동요, 시, 판타지 문학, 옛날이야기, 속담, 노래 들을 가차 없이 비난했다. 이런 것들은 지리학도 수학도 아니므로 나쁜 것으로 여겼다. 로크는 아이들에게는 숨 쉴 공기처럼 소중한 아동문학 전체를 쓰잘 데 없는 것이라고 하고 '쓸모없는 헛소리'라고 낙인찍었다. 어린이들이 읽을 책으로는 오직 이솝우화 한 권만을 추천했다.[7]

아이들에게는 어린애다울 권리가 있다는 것을 깨닫는 데 수백 년이 걸렸다. 조금씩 천천히 아이들과 아이들의 놀이, 흥미, 취향에 관심을 두기 시작했다. 세 살짜리 아이에게 지구의를 사 주었는데 아이가 대륙과 대양을 설명하는 데는 관심도 없고 지구의를 뱅뱅 돌리고 던지고 받으며 놀기를 더 좋아한다면, 아이한테 필요한 것은 지구의가 아니라 공이라는 사실을 마침내 깨닫기 시작한 것이다. 신체 발달은 말할 것도 없고 정신 발달을 위해서도 세 살짜리 아이한테는 지구의보다는 공이 훨씬 도움이 된다.

그러나 교육자들은 아이들을 위한 책이나 노래에는 완고했고 어린애다운 것, 어른이 보기에 필요 없고 의미 없게 여겨지는 것은 전부 물리쳤다.

그 한 예로 최근 영국에서는 선조들에게서 물려받은 기발하고 빼어난 시적 환상을 점점 더 부끄러워하고 있다. 《마더 구즈》를 손보아 시시하고 무미건조한 노래로 만들어 버리려 한 것이다. 최근에 이 고전의 한 판본을 우연히 보게 되었는데, 재미있고 풍부한 상상력이 담긴 노래를 평범하게 만들어 찬송가 비슷하게 만들어 버린 책이었다.

〈헤이, 디들 디들〉이라는 유명한 노래는 본디 암소가 달을 뛰어넘고 개가 사람처럼 웃는다는 노래인데 한 근엄한 성직자가 이렇게 바꾸어 놓았다. "개는 웃지 않고 짖고, 암소는 달을 뛰어넘는 게 아니라 달 아래에서, 풀밭에서 뛴다."⁸⁾

단지 단어 몇 개만 바꾸었을 뿐인데 노래가 아주 상식적으로 변했다. 이 책에서 잘못된 점은 딱 한 가지뿐이다. 아이들이 이 노래들을 좋아하고 따라 부르지 않을 것이라는 점이다. 그런데 '비상식적인' 본디 노래, 허용되지 않아 추방된 이 노래들은 수백 년 동안 이어져 왔고 앞으로 천 년은 더 이어질 것이다. 이 노래들은 아이가 사물과 동물의 실제 관계를 확인하는 수단을 표현한 것이기 때문에 그렇다.

편협한 영국 사람들은 그림에서도 환상을 배척하려고 노력했다. 예를 들어 담장 위에 앉은 험프티 덤프티* 노래에 들어 있는 삽화에는 깨진 달걀이 담장 위에 앉아 있지 않고 평범한 소년이 새 둥우리를 들고 담장 위에 앉아 있다. 더운 여름날 얼음 위에서 스케이트를 타는 아이들에 대한 노래에는 아이들이 털옷을 입고 추운 겨울날 스케이트를 타는 그림이 들어 있다.

영국 사람들은 조상들로부터 물려받은 이 멋진 책을 부끄러워하는 모양이다. 모든 수단을 다 동원해 그걸 망치려하고 있으니 말이다.

---

* 험프티 덤프티는 《마더 구즈》 노래에 나오는, 달걀 모양을 한 인물로 루이스 캐럴이 쓴 《거울 나라의 앨리스》에도 나온다. 험프티 덤프티 노래는 이렇다.

> 험프티 덤프티 담장 위에 앉아 있네
> 험프티 덤프티가 떨어졌어
> 임금님의 말을 모두 모아도 임금님의 신하를 모두 모아도
> 험프티를 다시 붙여 놓을 수 없네. (옮긴이 주)

소련에서는 전래동요뿐 아니라 창의적 정신이 묻어나는 것은 무엇이든 존중하고 아끼는 편이다. 전래동요 선집을 만들 때 편집자가 원본에 조금이라도 손을 댄다면 신성 모독으로 여겨질 것이다. 아이들은 아기 때부터 온갖 말장난, 수수께끼, 놀리는 말, 숫자 세는 노래, 자장가 들에 둘러싸여 자란다. 국립아동도서출판부를 비롯한 여러 출판업체에서 해마다 민간에 전해 내려오는 옛날이야기를 모아 출간하기 때문에 구전 전통이 영원히 이어진다. 전국에서 다양한 사람들이 다시 써서 전파한 옛날이야기는 말할 것도 없다. 이렇게 '거둬들인' 것을 해마다 대대적으로 펴내기 때문에 유치원이나 아이가 있는 가정마다 이 책이 없는 곳이 없을 정도다.

이 얼마나 멋진 일인가! 선구적인 교육자들이 우리나라 교육과정에서 위대하고 문학성 높은 구비문학을 추방하려는 어리석고 완고한 교육자들을 물리친 것이다.

이것은 위대한 승리이기는 하지만 아직 완전하지는 않다. 이긴 사람들이 자기가 이겼다는 것을 모르고 있는 듯이 자기가 정복한 땅 위에서도 겁을 먹고, 망설이고, 위험 요소는 없는지 주위를 살핀다. 이들조차도 소련의 교육과정 속에서 어른이 마지막에 도달해야 하는 유물론적 세계관에 옛날이야기나 뒤죽박죽시가 나쁜 영향을 주지는 않을지 염려하는 듯하다.

이렇게 소심할 수밖에 없는 것은 아동문학에서 무의미시와 뒤죽박죽시를 단순히 '재미있는' 장르로 구분하기 때문이다. 이 노래들을 재미있고, 익살스럽고, 해학적인 노래라고 하면서 봐 준다는 듯한 태도로 이렇게 말한다. "아이들이 웃는 것이 죄는 아니니까 무의미 시도 재미로, 오락거리 삼아 몇 편 읽어 줍시다."

그러나 이제는 이 '무의미'한 노래를 교육적으로 가치 있고 현실을 올바르게 이해하는 데 도움이 되는 시의 범주에 포함시키고 장려해야 할 때가 되었다.

물론 뒤죽박죽시, 허무맹랑한 이야기, 옛날이야기, 환상적인 이야기를 읽어 주는 것이 아이의 지적 성장을 위한 유일한 방법은 아니다. 다른 여러 방법과 분리될 수도 없다. 그렇지만 이런 것들이 단순한 오락거리가 아니라 우리가 살펴보았듯 아주 유용한 지적 도구라는 것을 명심하고 확신과 용기를 가지고 활용해야 할 것이다. 환상적인 이야기, 허무맹랑한 이야기, 옛날이야기, 뒤죽박죽시를 들으며 아이는 삶에 대한 현실 인식을 강화한다.

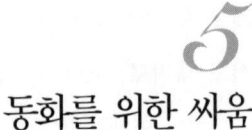

동화를 위한 싸움

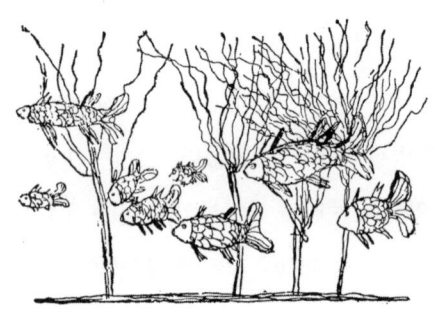

《허풍선이 남작의 모험》에 대한 토론 (1929)

1929년, 크림 반도의 알룹카에서 일어난 일이다. 요양소에서 지내는 아픈 아이들은 찌는 듯한 더위에 지치고 짜증이 나 있었다. 아이들은 소란스럽게 굴거나 찡찡거렸고, 의욕 없고 둔해 보이는 여자 선생님이 암탉처럼 꼬꼬거리며 아이들을 다그치고 있었지만 아이들을 진정시키지 못했다.

나는 그날 먼 곳에서 출발하여 거기에 도착한 참이었다. 아이들의 기운을 북돋아 주기 위해 나는 《허풍선이 남작의 모험》을 읽기 시작했다.

몇 분 지나지 않아 아이들은 즐거워하며 힝힝거렸다. 킥킥거리며 아이들이 웃는 소리를 들으며 나는 이 책이 아홉 살짜리 아이들을 얼마나 즐겁게 해 주는지, 이 책이 없었더라면 아이들의 삶이 얼마나 지루했을지 처음으로 깨달았다.

나는 작가에게 깊이 고마워하며 책을 읽어 나갔고 달로 날아간 망치, 대포알을 타고 날아가는 남작 이야기를 들으며 아이들이 터뜨리는 웃음소리를 한껏 즐겼다. 숨을 고르려고 잠시 멈추기라도 하면 아이들은 소리쳤다. "그래서요? 그래서요?"

그때 그 둔해 보이는 선생님이 다시 나타났다. 이제는 아까처럼 의욕 없어 보이지 않았다. 화가 나 얼굴이 시뻘게져서는 씩씩거렸다.

"이게 뭐예요?"

그 여자가 쏘아붙였다.

"도대체 무슨 짓을 하시는 거예요? 절대 안 돼요!"

그 여자는 내 손에서 책을 빼앗아 가서는 징그러운 두꺼비라도 되는 듯 그 책을 보았다. 그리고는 두 손가락으로 조심스럽게 책을 들고 나갔고 아이들은 실망해서 소리쳤다. 나는 충격에 약간 휩싸여 그 여자를 따라 나갔다. 왜 그런지 내 손이 덜덜 떨렸다.

제복을 입은 젊은 남자가 다가왔고 두 사람은 내가 현장에서 잡힌 도둑이라도 되는 듯 마구 나를 몰아세웠다.

"당신은 대체 무슨 권리로 우리 아이들한테 이런 쓰레기를 읽어 줬습니까?"

젊은 남자는 훈계하는 말투로 환상적인 이야기나 옛날이야기는 소련 어린이들에게는 알맞지 않으니 실질적이고 현실적인 사실을 전달하는 책만 주어야 한다고 설명했다.

"하지만, 생각 좀 해 보세요."

나는 두 사람을 설득하려고 애썼다.

"동화란 환상적인 내용으로 아이들에게 현실을 확인시키는 것입니다. 《허풍선이 남작의 모험》이야기를 듣고 아이가 웃는다는 것은 남작이 허풍을 떨고 있고, 우스꽝스러운 거짓말을 꾸며 댄다는 것을 알고 있다는 증거예요. 바로 그래서 웃는 거예요. 현실과 남작의 엉뚱한 상상을 대비시키기 때문에 웃을 수 있는 거지요. 아이들은 허풍선이 남작과 경쟁합니다. 그리고는 언제나 이기지요. 이렇게 자기만족을 느끼기 때문에 아이들은 즐거워하는 거예요. '나를 속이려고? 흥, 그렇게 쉽게는 안 될걸!' 아이들은 저마다 속으로 이렇게 생각하지요. 아이들은 현실주의를 무기로 해서 작가한테도 이런 태도를 취합니다. 지금 아이들한테 가서 허풍선이 남작이 하는 이야기를 단 한마디라도 믿느냐고 물어보세요. 그 말에 바로 웃음을 터뜨리더라도 놀라지 마시고요. 허풍선이 남작이 아이들을 바보로 만들 거라고 생각하는 것은 아이들을 모욕하는 것입니다! 아홉 살짜리 아이가 망치가 달나라까지 날아갈 수 있다고 믿을 거라고 생각한다면 아이를 바보 취급하는 게 아니고 뭡니까?"

두 사람의 눈빛은 여전히 냉담했다. 그렇지만 나는 포기하지 않고 말을 이었다.

"아니면 두 분은 허풍선이 남작이 떠는 익살이 아이들에게 유머 감각을 자극할까 봐 그게 걱정되는 건가요? 왜 재미있는 책이라면 그렇게 치를 떨고 싫어하는지? 아니면 아이들이 책을 싫어하도록 만들려고 그러는 건가요? 만약 그런 거라면 성공을 보장해 드릴 수 있겠네요. 정말입니다. 새로운 교육을 옹호하는 교육자들은 이런 태도를 보면 틀림없이 비웃고 비난할 거예요……."

그들이 내 말을 반박하기를 기다렸지만 이들은 아무것도 생각할 줄 모르고, 오히려 생각해 보라고 하면 화를 내는 그런 사람들이었다. 젊은 남자는 오만하고 무뚝뚝하게 내 의견은 '추콥스키주의'에 지나지 않는다고 단정해서 말했다.

더 이상 논쟁하는 것이 불가능했다. 덕분에 아이들은 허풍선이 남작에게 해악을 입지 않았다. 나는 가방을 어깨에 들쳐 메고 뜨거운 햇살 아래로 나섰다. 가방 안에는 내가 특히 좋아하는 《걸리버 여행기》, 《그림 동화집》, 《곱사등이 망아지》* 같은 책이 들어 있었다. 이 요양소에 있는 아픈 아이들에게 선물로 주려고 했지만 아까 그 남자는 한번 쓱 훑어보더니 무관심한 표정으로 밀어내며 이렇게 말했다.

"이런 책은 필요 없어요. 디젤 기관이나 라디오에 대한 책이나 갖다 주시지요."

자갈길을 따라 바닷가를 걸으며 나는 방금 일어난 일을 곰곰이 생각했다.

왜 이 사람들은 라디오와 《곱사등이 망아지》가 공존할 수 없다고

---

* 표트르 파블로비치 예르쇼프가 쓴 장편 시동화로 러시아의 민담이 어우러져 있다. 1834년에 발표되었고 발레로도 만들어졌다. (옮긴이 주)

확신하는 걸까? 아이들이 이런 동화책을 읽으면 기술에 관심을 갖지 않고 죽을 때까지 불새에 관한 몽상이나 하면서 보낼 거라고 생각하는 근거는 뭘까? 왜 동화 아니면 전동기 둘 가운데 하나를 택해야 한다고 믿는 걸까? 전동기를 발명하는 데에도 자유로운 환상과 상상이 필요한데 말이다. 환상은 인간 정신의 가장 중요한 특질 가운데 하나로 아주 어릴 때부터 음악 감성을 기르듯이 열심히 길러 주어야지 억눌러 없애서는 안 된다. 레닌은 이렇게 말했다.

"환상은 시인에게나 필요하다고 생각하는 것은 잘못이다. 그런 생각은 낡은 편견에 지나지 않는다. 환상은 수학에서도 도움이 된다. 그것 없이는 미적분학을 발견할 수도 없었을 것이다. 환상은 인간의 가장 중요한 특질이다." [1]

찰스 다윈은 어릴 적에 하도 환상적인 이야기를 잘 꾸며 대어 사람들이 허풍선이 남작보다 더한 허풍쟁이라고 했다고 한다.

아무리 생각해도 너무 뻔한 잘못이라 나는 다시 요양소로 돌아가 그곳 사람들이 아이들을 돌본답시고 동화를 못 읽게 하여 아이들을 영원히 절름발이로 만들고 있다는 사실을 증명해 보이고 싶었다.

다음 날 아침 일찍 나는 다시 그 남자를 찾아가 이 문제에 대한 내 생각을 다시 밝히고, 가방에 손을 넣어 책 한 권을 꺼내 이런 내용을 결론 삼아 읽어 주었다.

"우리는 아이들의 상상력을 발달시켜야 한다. 아니면 적어도 자연스럽게 상상력이 자라는 것을 막아서는 안 된다. 그런 면에서 어린아이들에게 동화를 읽어 주는 것은 무척 중요하다. 요즘에는 동화를 적대시하는 부모를 많이 볼 수 있다. 아이가 동화책을 읽지 못하게 하여 진지하고 실리적인 아이로 키우려고 하는데, 나는 이런 부모를 보면 항상 이렇게 말해 준다. 그렇게 아이를 키우면 절대 수학자나 발명가로 자라날 수 없다고……."

남자는 밖으로 나가려고 했다.

"이 글을 쓴 사람이 누군지 아세요?"

내가 물었다.

"시인도 동화 작가도 아니고 응용기계공학 교수랍니다. 러시아 과학자라면 누구나 다 공부하는 《정역학(靜力學)의 기초》와 《물질의 저항에 관한 강의》를 쓴 사람입니다. 그는 학문과 교육 분야에서 헌신하며 업석을 쌓아 오다가, 동화는 자기의 적이 아니라 동지라고 확신하게 됐습니다. 어린 시절에 동화로 상상을 키우지 못한 공학자는 창의적인 공학자가 될 수 없다는 것이지요. 이 주제에 관해 이 분이 쓴 글의 제목은 〈공학자에게 환상이 갖는 중요성〉이라고 합니다.[2] 한번 읽어 보시면 동화가 아이들의 기술 교육에 방해가 되기는커녕 오히려 도움이 된다는 사실을 이해할 수 있을 겁니다."

그러나 남자는 이 책도 밀어냈다.

"읽어 보고 싶지 않으세요?"

내가 물었다.

"왜요?"

"오늘은 내가 쉬는 날이라서."

그는 잔뜩 거드름을 피우며 이렇게 답했다.

다행스럽게도 이 요양소에는 젊고 열정 있는 교사들도 있었다. 이들은 진심으로 나를 지지해 주었다. 그런데도 허풍선이 남작은 쫓겨날 수밖에 없었다!

그 거만한 남자는 하르코프에서 공부한 사람인데, 그곳은 어떤 부류의 아동학자*들이 확고하게 자리 잡고 있는 곳이다. 이 '전문가'들은 아동 지도에 관한 끔찍한 이론을 펼쳐 동화, 장난감, 노래는 프롤레타리아 아이들에게 필요 없다고 강력히 주장한다. 이 남자는 이들 전문가 집단에서 영향을 너무나 강하게 받아 스스로 생각하고 고민할 필요를 전혀 느끼지 못하고 있었다.

나는 나중에 A. S. 마카렌코**가 이들 아동학자를 강하게 비난했다는 것을 알게 되었다.

"나는 아동학 '이론'이라는 것을 이해하려고 노력했지만 첫 몇 마디를 읽을 때부터 머리가 아파오기 시작했고, 이 학설 전체를 어떻게 받아들여야 할지 의문이 들었다. 미친 사람이 떠벌리는 소리로 봐야 할지, 아니면 일부러 아이들을 괴롭히려고 하는 행동으로 보아야 할지, 아니면 우리 사회 전체를 조롱하는 것으로 보아야 할지, 그도 아니면 단순히 무식해서 그러려니 생각해야 할지 알 수 없었다. 수백만이나 되는 아이들을 교육하는, 즉 미래에 시민·노동자·기술자·군인·농부가 될 아이들 수백만을 키워 내는 이 중대한 문제를 모든

---

* 아동학자(pedologist)는 어린이의 교육, 심리, 문화 전문가이다. (영문판 주)
** 안톤 마카렌코(1888-1939)는 소련의 탁월한 교육자이자 작가로 '소비에트 시민'을 만들어 내는 교육 이론을 창시했다. (영문판 주)

사람이 두 눈 시퍼렇게 뜨고 있는데 어떻게 이렇게 맹목적인 무리들의 손에 맡겨 버릴 수 있는지 도무지 이해되지 않는다." 3)

내 '허풍선이 남작'도 이 무리의 희생양이 되고 말았던 것이다.

"상어라는 건 세상에 없어요."

옛날 옛날에 모스크바에 스탄친스카야라는 아동학자가 살았다. 그런데 아주 이상한 일이 있었다.

스탄친스카야에게는 아들이 하나 있었는데, 그 여자는 자기가 동원할 수 있는 수단을 모두 이용해 아이가 동화를 보지 못하게 보호했다. 아이에게 동물 이야기를 해 줄 때도 아이가 눈으로 본 동물만 입에 올리려고 신경 썼다. 현실적인 아이로 키우기 위해서였다. 해로운 환상에 적게 빠져 들수록 아이에게는 좋다고 생각했다. 그 여자는 늑대 인간, 바바야가 같은 초현실적인 변신 이야기가 나오는 동화가 그중에서도 가장 해롭다고 생각했다.

동화에 열렬하게 반대하던 스탄친스카야는 모스크바에서 나오는 한 잡지에 이런 글을 발표하기도 했다. 4)

"비현실적인 옛날이야기와 판타지 문학 대신에 실제 삶과 자연에서 가져온 단순하고 현실적인 이야기를 들려줄 것을 제안한다."

타협도 후퇴도 있을 수 없다! 러시아와 온 세계의 옛날이야기, 서사시, 전래동요를 하나도 빼놓지 말고 없애 버리자! 다 좋은데 한 가지 문제가 있었다. 자식을 사랑하는 어머니로서 스탄친스카야는 자기 아들을 키우면서 아주 구체적인 일기를 남겼다. 그런데 이 일기에서 자기도 모르는 사이에 환상적인 이야기가 해로운 영향을 끼친다는 자기 주상이 모순된다는 것을 증명하고, 스스로 자기 이론을 무너뜨린 셈이 되었다.

이 일기는 책으로 출간되었는데, 일기에는 아들이 빼앗긴 동화를 대신하기라도 하려는 듯 아침부터 밤까지 온갖 진기한 환상을 만들어 냈다고 써 있다. 아이는 빨간 코끼리가 자기 방에 사는 것처럼 행동했다. 그리고 친구도 만들어 냈다. 코라는 곰이었다. 아이는 이렇게 말하기도 했다. "제 옆 자리에는 앉지 마세요. 안 보여요? 코라가 앉아 있잖아요.", "엄마, 왜 늑대들을 밟고 지나가? 거기 늑대들이 있는 거 안 보여?"[5]

눈이 내리면 아이는 시베리아 숲 속에 사는 조그만 순록이 되었다. 또 아이가 양탄자 위에 앉으면 양탄자가 배로 변하기도 했다. 아이는 어린애다운 상상력으로 언제 어디에서나 동물을 불러낼 수 있었다. 어머니는 일기에 이렇게 썼다.

"오늘 아이가 뭔가 조심스럽게 들고 집에 왔다.

'엄마, 새끼 호랑이를 데려왔어.'

이렇게 말하고 아이는 빈손을 내게 내밀었다.

'호랑이 예뻐?'

'그래, 예쁘구나.'

'우리가 기르자.'

아이가 졸랐다.

저녁 먹을 때 밥상 앞에 앉기 전에 아이는 자기 접시 옆에 작은 접시를 하나 더 놓았다. 내가 접시에 음식을 담아 주자 아이는 이렇게 말했다.

'새끼 호랑이 거는?'

하루는 신이 나서 이렇게 이야기했다.

'내가 바다 밑으로 들어가서 한참 동안 물장구를 쳤거든. 근데 갑자기 커다란 호랑이가 나타났어. 그래서 땅 밑으로 숨었지. 그리고 그물을 던져서 물고기를 잡았어.'

'그 물고기는 어디 있는데?'

'먹었어. 날로!'"[6]

"아이는 하루 종일 이런 식이다. 툭하면 동화 같은 이야기를 스스로 만들어 낸다.

'엄마, 나는 작은 새고 엄마도 새야. 그렇지?'"[7]

"'엄마, 벌레가 놀러 왔어. 나랑 악수하고 싶다면서 작은 발을 내밀더라. ……'"[8]

어머니는 아이가 말 그대로 강에서 헤엄치듯 환상 속에서 헤엄치고 있다는 것을 눈으로 보아 알면서도 계속 아이를 동화책이 끼치는 나쁜 영향에서 '보호'하려고 애썼다.

아이들이 스스로 만들어 낸 이야기와 옛날이야기나 창작동화 같이 누가 만들어 준 이야기 사이에 본질적인 차이가 있다고 생각하나 보다. 아이들이 동화를 보든 안 보든 다를 것이 없는 게, 아이들은 읽을 동화가 없으면 자기 스스로 안데르센, 그림, 예르쇼프가 되기 때문이다. 아이들이 하는 놀이는 그 자리에서 만들어 낸 이야기를 극화한 것이고, 아이는 상상에 따라 모든 사물에 생명을 불어넣어 의자를 기차로도, 집으로도, 비행기로도, 낙타로도 만들 수 있다.

내가 아는 한 남자아이는 굴뚝 청소부 놀이를 하면서 사람들에게 아주 진지하게 경고했다.

"나 만지면 안 돼! 더러워져!"

또 다른 아이는 놀다가 스스로 고기 빵이 되어 자기를 프라이팬에 굽는 중이었는데 엄마가 아이를 안고 뽀뽀하려고 하자 엄마를 밀어내며 이렇게 말했다.

"나한테 뽀뽀하면 어떡해! 뜨겁단 말야!"

우리 딸 무라는 세 살 때 놀다가 책을 바닥에 한 줄로 늘어놓았다. 책은 그 순간 강이 되었고 아이는 강에서 고기도 잡고 빨래도 했다. 그러다 발을 잘못 디뎌 책을 밟자 아이는 감정이 절절하게 담긴 목소리로 이렇게 외쳤다. "아쿠! 발이 다 젖었네!" 어찌나 진짜처럼 들렸던지 나는 정말인 줄 알고 수건을 가지러 갔을 정도다.

이 아이들은 동화 작가이자 동시에 동화 속의 인물이 되어 동화를 연극 놀이로 표현한다. 이렇게 상상한 것을 믿고자 하는 욕구가 너무나 강해서 아이를 현실의 틀 안으로 되돌리려고 하면 아이는 강하게 저항한다. 한 예로 세 살인 부부라는 아이는 장난감 블록으로 자기를 에워싸는 울타리를 만들고 거기가 동물원이라고 말했다. 아이에게 밖으로 나가자고 하자 아이는 이렇게 대답했다.

"못 가. 갇혔잖아!"

"가자, 블록 넘어서 나와."

아이가 만들어 낸 이야기를 무너뜨리려고 하자 아이는 속상해서 눈물을 터뜨릴 지경이었다. 아이는 스스로 만든 감옥에서 고집스럽게 나오지 않으려고 했고, 어른이 블록 하나를 움직여 문처럼 보이게 만들자 그제서야 우리에서 나왔다.

상상력이 특히 뛰어난 아이들은 때때로 상상 속의 상황을 아주 기발한 지경까지 몰고 가기도 한다. 두 살 난 레비크는 자기 아빠 등에 말 타듯이 올라타고 아주 이상한 곳에서 자기 자신을 찾는 놀이를 좋아했다.

"전등 밑에? 없다! 골무 안에? 없다! 주전자 안에?"

이런 식으로.

"그럼 레비크가 어디 있는데?"

"없어졌어! 아마 담배 속에 있을 거야!"[9]

하루는 나타샤가 친구들과 놀면서 군인의 아내 역을 맡았다. 군인의 아내는 집에 남아서 집을 지켰는데 누군가가 나타샤에게 남편이 전선에서 사망했다는 소식을 전해 주었다. 나타샤는 흐느껴 울고 또 울었다. 다른 아이들이 나타샤 남편 역을 맡은 보랴가 살아 있다는 것을 되풀이해서 확인시키며 달래려고 했지만 나타샤는 울음을 그치지 않았고 잠자리에 들 때까지도 계속 훌쩍거렸다. 그날 밤에 나타샤의 부모가 아이를 달래려고 했지만 나타샤는 잠이 몰려오는 속에서도 이렇게 말했다.

"보랴가 살아 있으면 뭐해. 내 남편이 죽었는데!"

아이들 몇이 잠자는 공주 놀이를 하고 있었다. 그때 무언가에 주의가 쏠려서 아이들은 선반 위에 누워 있는 공주를 남겨 두고 가 버렸다.

"저녁 먹어라!"

할머니가 공주에게 외쳤다.

"못 먹어요. 난 공주란 말이에요. 지금 자고 있어요."

어린아이들이 노는 것뿐 아니라 간단하게 이야기 나누는 것만 보아도 아이들이 세계를 환상적으로 인식하는 것이 지극히 정상임을 알 수 있다.

"자명종은 잠 안 자?"

"양말이 바늘에 찔리면 아프지 않아?"

그런데 이야기로 살아가고 숨 쉬는 이런 전문 이야기꾼들을 이야기에서 보호하려고 하다니!

다행스러운 것은 그래 봤자 성공할 수 없다는 점이다. 아이는 자신의 정신세계를 보호하기 위해 이야기를 가지고 '지하'로 숨어들어 '불법적'으로 사용하고 자기 세계로 몰래 들여올 것이다.

유명한 아동문학 작가 T. A. 보그다노비치는 알렉산드라 안넨스카야라는 아동문학 작가의 손에서 자라났다. 1860년대 '계몽사상'의 영향을 받은 안넨스카야는 어린 보그다노비치의 가정교사였는데 아이를 민담으로부터 보호하려고 애썼고, 보모를 고용하는 것에도 반대했다. 보모가 아이에게 동화를 들려줄까 봐 염려했기 때문이다. 아이에게는 교육적인 책만 읽어 주었다. 주로 식물학과 동물학 책이었다. 그러나 밤이 되어 가정교사가 잠이 들면 아이는 감시에서 벗어나 자기 방을 온갖 동물로 마음껏 가득 채웠다. 원숭이가 침대 위에서 뛰어다니고, 여우와 새끼들이 책상 위에 갑자기 나타났다. 진기한 새들이 침대 옆에 개어 놓은 옷 위에 둥지를 틀었고, 아이는 이 동물들과 한참 동안 이야기를 나누었다.

아이가 동물들과 이야기를 나누는 것은 정상적인 아이들은 누구나 온갖 동물과 사물과 이야기를 나누고, 동물과 사물이 자기한테 말을 건다고 생각하기 때문이다. 밤마다 환상에 빠지고 상상의 동물들과 함께 지내면서 아이는 아주 기뻤다. 건강하고 정상적인 아이한테 타고난 욕구를 충족시킬 수 있었기 때문이다. 전염병이라도 되는 듯 어른들이 들어가지 못하게 막았던 환상의 세계로 빠져 들면서 아이는 자신의 권리, 동화를 즐길 권리를 본능적으로 지켜 낸 것이다. 가정교사가 한 일은 결국 동화를 지하로 내려 보내 더욱더 매력 있는 것으로 만든 것뿐이다. 차라리 아이에게 《신데렐라》나 《빨간 두건》을 읽어 주는 편이 낫지 않았을까?

앞 장에서 모스크바에 사는 엄마가(이 사람도 직업이 교육자였다) 아이에게 생명에 관한 사실을 알려 주고 싶어 너무 이른 나이에 임신과 출산에 대해 알려 주었을 때 다섯 살짜리 아이가 어떤 반응을 보였는지 이야기했다. 엄마의 강의를 다 들은 다음, 아이는 바로 과학적 사실을 자기 생각대로 바꿔 자기가 엄마 배 속에 있을 때 작은 뜰에서 놀며 삼촌과 차를 마시기도 하고, 거기에서 온갖 물건을 다 파는 상인들도 보았다고 말했다.

너무 이른 나이에 엄밀한 과학적 사실을 알게 되면 이런 반응을 보이는 것이다. 아이는 실제로 엄마에게 이렇게 말하고 있는 것이다. "나한테 지금 필요한 것은 발생학 강의가 아니라 동화라는 걸 모르세요? 정신 발달에 중요한 시기를 더 충만하고 신나고 아름답게 보낼 수 있으려면요. 나를 너무 빨리 어른들 생각에 꿰맞추려고 서두르지 마세요. 어른들이 말하는 사실은 전부 내 기질에 따라 바로 환상으로 바꾸고, 모래를 뿌려 뜰로 만들고, 장사꾼이 있는 판매대도 세울 거거든요. 엄마 배 속도 마찬가지구요."

옛날이야기나 푸시킨이 다시 쓴 옛날이야기, 요즘 작가들이 쓴 좋은 창작동화를 만나지 못하면 아이들은 자기가 바로 만들어 낸 이야기에 의지할 수밖에 없다.

《허풍선이 남작의 모험》, 《걸리버 여행기》, 《곱사등이 망아지》가 없으면 아이는 스스로 환상적인 이야기를 만들어 내어 부족한 부분을 무의식적으로 메운다. 그러니 옛날이야기나 좋은 창작동화를 아이들에게서 빼앗은 아동학자라는 사람들은 깊이 생각해 보지도 않고 강탈 행위를 한 것이다. 다행스러운 것은 이들이 목적을 달성할 수 없다는 것이다.

옛날이야기나 푸시킨 같은 작가가 쓴 동화 대신 스스로 즉흥적으로 만들어 낸 작품에 만족해야 하긴 하지만, 그래도 동화는 아이의 세계에서 계속 번성할 것이다. 얼마 전까지만 해도 아동문학의 기준을 세우는 사람들이 아이들이 동화를 얼마나 좋아하는지, 아이의 창의적 사고력을 발전시키고 강화하고 풍부하게 하는 데 동화가 어떤 구실을 하는지(동화가 이런 구실을 한다는 것은 오랜 세월 동안 사랑받고 이어져 내려온 옛날이야기에서 확인되었다)는 거의 고려하지 않았다.

그러나 현대는 얼마 전에만 해도 말도 안 되는 허황한 생각으로 보이던 과학적 사회적 '공상'이 현실화되는 시대다. 우리는 과학, 기술, 농학, 건축학, 정치학 같은 모든 분야에서 창조적인 발명가와 사상가를 키워 내야 한다.

창의적인 공상이 없다면 물리학도 화학도 완전히 침체될 것이다. 새로운 가설을 세우는 것이나, 새 도구를 발명하는 것, 새로운 실험 연구 방법을 발견하는 것, 새로운 화학물질 합성을 구상하는 것들은 모두 상상력과 공상에서 나온 결과물이기 때문이다.

현재는 실질적이고 신중하고 타성적인 사람의 것일지라도, 미래는 상상력의 고삐를 늦추지 않는 사람의 손에 돌아갈 것이다. 유명한 영국의 물리학자 존 틴데일도 이런 까닭에서 공상을 옹호했다. 그는 이런 글을 남겼다.

"공상이 없다면 자연에 대한 인간의 지식은 분명한 사실을 분류하는 것밖에는 미치지 못했을 것이다. 원인과 결과의 관계, 상호 작용 같은 것을 파악할 수도 없을 것이며 따라서 과학의 진보도 이루어질 수 없을 것이다. 과학의 기본 기능은 자연 현상 사이의 관계를 밝히는 것인데 창의적 공상이란 바로 이런 여러 관계를 파악하는 능력이기 때문이다."[10]

그런데 왜 우리 아동학자들은 '공상'이라는 단어를 웃음거리로 삼았을까? 무슨 명목으로 어린아이들의 머릿속에서 공상을 지워 없애려고 했을까? 사실주의라는 명목으로? 사실주의에는 베이컨·고골·멘델레예프*·레핀**의 사실주의가 있고, 주전자·바퀴벌레·10원짜리 동전의 사실주의가 있다. 그 노력들은 두 번째 사실주의를 강화하기 위한 것일까? 그것의 실제 이름은 속물주의가 아닐까? 우리 아이들은 오늘날까지도 속물주의에 둘러싸여 있다는 사실을 인정하지 않을 수 없다. 아직도 아이들을 편협함과 옹졸함에서 구해 내지 못한 것이다. 우리 아이들 가운데는 어른들보다 더 '어른스럽고' '현실적인' 아이들이 있다. 우리 아이들을 무언가에서 보호해야 한다면, 그것은 바로 낡은 태도 때문에 아이들이 갖게 된 이 끔찍스런 현실주의일 것이다.

그러나 아동학자들은 아이들이 나무에서 신발이 자란다고 믿게 될 것이라고 염려하고 불안해한다. 어떤 아이들은 무척이나 의심이 많아서 일상생활의 범위 밖에 있는 것은 무엇이나 뻔뻔스럽고 몰상식한 거짓말이라고 생각하기도 한다. 예를 들어 어떤 사람이 학생들에게 상어 이야기를 하려고 했는데 한 아이가 이렇게 외쳤다.

"상어라는 건 세상에 없어요!"

이런 아이들은 지구상에 있는 진기하고 신기한 것은 전혀 모른다.

---

* 드미트리 이바노비치 멘델레예프 (1834-1907)는 유명한 러시아 화학자로 최초로 50원소를 분류하고 최소한 40개 이상이 더 있음을 예측했다. (영문판 주)
** 일랴 예피모비치 레핀 (1844-1930)은 19세기 러시아의 가장 뛰어난 화가이다. (영문판 주)

빵, 양배추, 장화, 동전 같은 것밖에는 모르는 것이다. 동화 몇 편이 아이들을 현실적 생활 능력이 없는 낭만주의자로 만들지 않을까 하고 걱정하는 것은 아침부터 밤까지 회의만 하고, 실제 아이는 한번도 보지 못한 관료주의자들이나 하는 짓이다.

아이들을 전래동요, 허무맹랑한 이야기, 옛날이야기에서 보호하려고 하는 사람들은 자기가 실용주의를 물신화하고 있다는 사실은 전혀 모르고 있다. 그래서 이 사람들은 어린이 책은 전부 눈에 보이고 손에 잡히는 이득을 가져오는 것이어야 한다고 생각한다. 책이 못이나 망치라도 되는 듯이 말이다. 여기에서 이 사람들의 속물적이고 편협하고 옹졸한 생각이 드러난다. 동화가 해롭다는 생각 자체가 현실에 근거를 두지 않은 허무맹랑한 이야기인 것이다. 우리가 맞서 싸워야 할 허황한 이야기는 바로 허황한 이야기에 대해 퇴행적인 아동학자들이 만들어 낸 허황한 이야기이다.

이 사람들에게 우리는 이렇게 말해 주어야 한다.

"헛소리 그만 하고 현실로 돌아와 실제 사실을 두 눈으로 보세요. 그러면 더 이상 《엄지소년》이나 《장화 신은 고양이》를 두려워하지 않아도 될 겁니다. 어느 나이가 되면 아이들은 (건강한 환경에서 살고 있다면) 더 이상 동화에 푹 빠지지 않고 그때부터는 사정없이 환상을 '폭로'하기 시작할 겁니다.

'폐가 없는데 눈처녀는 어떻게 숨을 쉬어요?'

'바바야가는 프로펠러도 없는 빗자루를 타고 어떻게 하늘을 날아요?'"

이 때가 되면 동화가 할 일은 끝난 것이다. 아이들이 세상을 이해할 수 있도록 도와주었고, 정신세계를 풍요롭게 해 주었고, 스스로를 정의·선·자유를 위해 상상 속에서 용감하게 싸워 나가는 사람으로 여기게 해 주었다. 이제 동화가 필요 없게 되었으므로 아이는 동화와 헤어진다.

그러나 일고여덟 살이 되기 전까지 동화는 아이들 몸에 가장 좋은 양식이다. 그냥 간식거리가 아니라 피가 되고 살이 되는 양식인데, 아이가 건강하게 자라나는 데 반드시 필요한 양식을 빼앗을 권리는 그 누구에게도 없다.

아동학자들이 한 일이 바로 그런 일이었다. 아이들에게서 푸시킨이 쓴 동화와 예르쇼프가 쓴 《곱사등이 망아지》 그리고 《알리바바》, 《신데렐라》를 빼앗았을 뿐 아니라, 우리 작가들한테도 이 사악하고 무지한 일에 동참하라고 했다. 돈만 밝히는 작가들이 편집자들을 만족시키기 위해 동화를 모욕하고 조롱하는 글을 써 댔음은 불 보듯 뻔한 일이다. 이런 식이었다. 꾀 많고 고집불통인 아이가 등장한다. 이 아이는 동화는 독이라고 생각한다. 그때 요정이 등장해 아이 앞에 요술 양탄자를 펼쳐 놓는다. 그러나 아이는 눈도 꿈쩍하지 않는다.

바지 주머니에 손을 찌르고
킥킥 웃고 휘파람을 불더니
이렇게 말했다.
"아줌마, 거짓말 좀 그만 하세요.

요즘 같은 세상에 누가
요정이나 요술 양탄자를 찾는대요?
이제 이런 속임수로는
아무도 속일 수 없어요. ……"

누가 아이에게 《곱사등이 망아지》 이야기를 들려주자, 아이는 또 주머니에 손을 찌르고 마찬가지 태도를 보인다.

흥, 차라리
전차 타고 여행하는 게 훨씬 재미있어요.

작가는 이 버릇없고 오민한 아이를 한껏 칭찬한다.

이것과 비슷한 책이 수없이 많았고 아이들도 영향을 받을 수밖에 없었다. 다행스러운 것은 아이들에게 미친 영향이 그다지 크지는 않았다는 것이다. 네 살짜리 아이들 대부분은 스스로 만들어 낸 놀이와 이야기를 가지고 어린 시절을 빼앗아 가려는 사람들 손에서 자신의 정신세계를 지켜 냈다.

나는 우리 아이들이 아침부터 저녁까지 동화의 세계에 사로잡혀 있어야 한다고 주장하는 것은 아니다. 이것은 균형의 문제다. 그러나 졸렬한 아동학자들의 편협한 실용주의 이론에 따라 아이들에게서 온 세계의 민담과 고전이라는 위대한 유산을 빼앗아서는 안 된다.

실용주의 교육을 옹호하는 사람들이 떨치는 세상은 그다지 오래가지 못했다. 오늘날 모스크바, 상트페테르부르크 같은 큰 도시에는 막심 고리키한테 영향을 받아 동화를 열렬히 옹호하는 사람들이 많다. 동화를 공격한 사람들은 상처를 입고 물러섰고 이제 이들의 시대는 완전히 끝난 것처럼 보인다.

현명해져야 할 때 (1934)

그렇게 생각할 만한 이유는 충분하다. 1934년에 처음으로 열린 소비에트연방 전체작가회의에 고리키가 등장한 기념할 만한 사건 이후로 동화를 공격한 것을 후회하는 교육자, 편집자, 유치원 교사들이 전국에서 나타났다. 이들은 동화를 비난할 때만큼이나 열렬하게 동화를 옹호한다. 당시에는 요운크 구아르트 출판사, 그리고 나중에는 국립아동도서출판부에서도 《히어와서(Hiawatha)의 노래》*, 《곱사등이 망아지》, 《허풍선이 남작의 모험》, 푸시킨이 쓴 동화, 러시아 옛날이야기 같은 온갖 환상적인 이야기를 많이 출간했다.

그러나 승리를 자축하기에는 아직 일렀다. 경험으로 그걸 깨닫게 되었다. 그해 〈고슴도치〉라는 잡지에 페르세우스, 안드로메다, 메두사 같은 이름이 나오는, 내가 쓴 고대신화 이야기가 실렸다. 그런데 편집부 앞으로 고멜에서 어느 교육자가 보낸 편지가 도착했다.

"존경하는 편집자 동지! 〈고슴도치〉 1호 24쪽에 실린 그리스 신화 이야기 〈용감한 페르세우스〉를 읽고 우리 학교 학생들이 나에게 어

---

* 1550년경에 살았던 미국 원주민의 영웅 히어와서를 주인공으로 헨리 워즈워스 롱펠로가 쓴 유명한 시다. (옮긴이 주)

떻게 잡지에 이런 말도 안 되는 이야기가 실릴 수 있는지 물었습니다. …… 이 이야기에 나오는 온갖 불합리함과 무지함을 어떻게 아이들에게 설명할 수 있겠습니까? 말도 되지 않는 어리석은 미신으로 가득한 이야기가 아닙니까. 제 생각에 이 이야기에는 예술적 문학적 가치가 없는 것 같습니다."

편지 끝에는 이렇게 서명되어 있었다. 'A. 라포포르츠 교장'

나는 라포포르츠 교장 선생님에게 페르세우스 신화는 바로 그 아름다움과 예술적 가치 때문에 수세기 동안 오비드, 소포클레스, 에우리피데스, 벤베누토 첼리니, 코르네유, 루벤스, 티치아노, 헤레디아, 카노바 같은 최고의 조각가, 극작가, 시인들이 주제로 삼았다는 것을 알려 주고 싶었다.

마르크스가 고대 그리스 시대와 신화에서 발달한 고대 그리스 예술이 "미학적 즐거움을 주고 품격과 손에 잡히는 규범의 중요성을 보장해 준다."[11]고 여러 번 말했다는 것도 일깨워 주고 싶었다.

그러나 라포포르츠 같은 사람들에게는 에우리피데스도 마르크스도 안중에 없다. 그리고 그 사람은 아이들이 반발한다고 말해서 스스로를 정당화하려 한다. 라포포르츠 교장이 보낸 편지를 보면 그 학교 아이들이 잡지에서 페르세우스를 보고 아주 분개하여 고대 그리스 신화를 잡지에 실은 것에 단체로 항의했다고 생각하게 된다.

미안한 일이지만 나는 그 말을 믿지 않는다. 그 학교 전체에 시의 감성을 지닌 정상적인 아이가 하나도 없다는 게 말이 되는가! 아이들의 자연스러운 기질인 환상에 매료되는 성질을 아무리 교장이라도 완전히 위축시킬 수는 없을 것이다. 만약 신화를 이해하지 못하는 아이들이 있다면 그들이 이해할 수 있도록 설명해 주는 것이 교장 선생님이 해야 할 의무가 아니겠는가.

페르세우스를 토론의 시발점으로 삼아 아이들에게 신화의 기원을 알려 주고 카시오페이아, 안드로메다, 페르세우스 별자리를 가르쳐 줄 수도 있을 것이다. 아니면 기독교도 고대 종교와 신화에서 영향을 받았다는 사실을 강의하고 페르세우스의 어머니와 성모 마리아의 연관성, 안드로메다를 잡아먹으려 하는 용과 요나를 삼킨 고래의 유사성 들을 설명할 수도 있을 것이다. 교육자라면 마땅히 해야 할 일들이다. 그러나 그는 무지한 탓에 아이들이 인류의 소중한 문화 유산을 경멸하도록 만들고, 이치에 맞지 않는 우스꽝스러운 항의를 해서 어린이 잡지 편집자들을 괴롭히고 있는 것이다.

교장이 항의한 내용이 특히 어리석은 점은 일리아 무라메츠* 전설이건 여우 레너드** 설화건 허풍선이 남작이건 페르세우스 신화건 간에 진정한 문학 작품이 정치적으로 해롭다고 주장하는 데 있다. 이런 악선전으로 근거 없는 주장을 정당화하고 있는 것이다. 신화나 동화가 레닌주의에 위협이 된다니!

과거에는 특권 계급이 민중에게서 에우리피데스, 소포클레스, 오비드, 벤베누토 첼리니 같은 사람들에 대해 배울 권리를 빼앗았다.

---

* 러시아 전설에 나오는 영웅. (옮긴이 주)
** 중세 유럽 설화에 나오는 꾀 많은 여우. 귀족과 성직자들을 비꼬고 레너드를 농민의 영웅으로 만드는 풍자적 경향이 있다. (옮긴이 주)

이제는 레닌주의 덕분에 대중이 전에는 알 수 없던 방대한 문화 유산을 가까이할 수 있게 되었다. 소련의 수천, 수만 노동자가 셰익스피어·모차르트·렘브란트를 감상하고, 노동자의 아이들이 음악 학교나 예술 학교에 다니게 된 것은 바로 레닌주의가 승리한 덕분이다.

아이들에게 프로메테우스 신화, 이카루스의 비상(飛翔)에 대한 시, 오디세우스 이야기, 헤라클레스의 전설을 들려주면 레닌주의에 아주 조금이라도 타격이 갈 거라고 주장하는 사람은 위선자가 분명하다.

라포포르츠 교장이 쓴 편지를 굳이 인용한 것은 요즘에도 그런 사람이 드물지 않게 있기 때문이다. 편협한 의견을 잡지나 신문 기사로 내세울 기회는 없을지 몰라도 이 사람들은 아이들을 교육하면서 고집스럽게 자기 이론을 실천하며 아이들이 신화나 민담 같은 이름을 달고 있는 예술은 어떤 것도 가까이하지 못하게 하고 있다. 뻔뻔스러운 무지와 그에 맞먹는 독선에 찬 자기 확신으로 무장한 사람들이다.

라포포르츠 교장이 내가 페르세우스 신화를 해석하는 방식에 이의를 제기했더라면 이해했을 것이다. 내 글과, 미국과 영국 아이들을 위해 너새니얼 호손이나 찰스 킹즐리가 쓴 글을 견주어 보는 것도 교육적으로 무척 필요할 것이다. 그러나 라포포르츠는 주먹을 휘두를 줄만 알았지 지식이 있어야 하고 생각해야 하는 이런 일은 할 수 없을 것이다.

라포포르츠 이야기를 이렇게 길게 한 것은 이들 좌파 교육자들이 여전히 혁명의 슬로건을 위장해 아이들이 문학적으로 성장하는 것을 가로막고 있기 때문이다. 모스크바와 상트페테르부르크에서는 많이 수그러들었지만 지방에서는 여전히 위세를 떨치고 있다. 아동도서출판부나 요운크 구아르트 출판사에서 《히어와서의 노래》나 푸시킨이나 《허풍선이 남작의 모험》을 새로 찍어 낼 때마다 이들은 입을 모아 이렇게 외친다. "혁명이 위험에 처했다." 그러고는 푸시킨의 손아귀에서 혁명을 구해 내려고 애쓴다……

동화를 반대하는 원칙주의자들이 쓰는 무기는 항상 좌파 슬로건이나 혹은 무지에서 나오는 용기다.

편협한 비평 방식 (1956)

그러나 시간이 흐르면서 이 무지한 사람들도 강력한 반대에 점차 무릎 꿇지 않을 수 없었다. 동화의 교육적 가치를 칭송하는 글을 점점 더 자주 볼 수 있다.

옛날이야기가 아이들의 정신세계를 발전시키고 풍요롭게 하고 인성을 길러 준다는 것은 이제 일반적인 진리가 되었다. 옛날이야기를 들으며 아이들은 자기가 주인공이 된 것처럼 느끼고, 정의와 선 그리고 자유를 위해 목숨을 바치는 인물과 스스로를 동일시하기 때문이다. 판타지 문학의 교육적 가치는 특히 어린아이들이 문학 작품 속의 고귀한 정신을 지닌 용감한 주인공에 적극 공감하는 데서 나온다.

새 세대의 아이들은 얼마나 행복한 아이들인가. 이제야 비로소 정상적인 지적 성장을 보장해 줄 영양가 높고 비타민이 풍부한 정신의 양식을 풍부하게 섭취할 수 있게 되었으니 말이다. 무모한 사람들이 옛날이야기와 판타지 문학을 대놓고 반대하며 쓴 글을 신문 같은 데서 본 지도 이제는 꽤 된 것 같다.

오늘날의 생활 방식과 교육 관행에서 동화는 이제 두려워할 대상이 아니다. 주요 출판사에서 우크라이나, 아제르바이잔, 중국, 힌두, 루마니아의 옛날이야기를 거리낌 없이 출간한다. 북유럽, 프랑스, 독일 옛날이야기는 말할 것도 없다. 동화가 해악을 끼친다는 글은 이제 문서 보관소 안에 고이 보관되고 잊혀졌다. 오늘날에는 좀 더 신중한 질문이 제기된다. 어떤 옛날이야기는 아이들에게 해가 될 수도 있는가? 어떤 옛날이야기가 아이들에게 정신적 상처를 입힐 수 있는가? 이런 의문은 지당한 것이고 가볍게 여겨서는 안 될 것이다.

그러나 안타깝게도 지금까지 경험한 것으로는 어떤 옛날이야기가 위험하고, 어떤 이야기가 이로운지 확고한 원칙을 세우지 못했다. 입증된 이론이 없어 자칫 편협하고 독선에 찬 판단이 내려질 수도 있어서 걱정된다.

내가 쓴 이야기 《무하 초코투하 Муха-Цокотуха》를 바탕으로 유명한 작곡가 M. I. 크라세프가 오페라를 작곡했다. 오페라를 감상하고 난 뒤, 자바이칼에 사는 블라디미르라는 비평가가 〈문학 신문〉에 이런 글을 보냈다.

"이런 이야기는 오페라로 만들 가치가 없을 뿐 아니라 세상에 내놓을 만한 가치도 없다. 아이들이 부당하게 고통받는 불쌍한 파리, '용감한' 모기 같은 해충에 공감하게 만드는 이야기다. 아주 이상한 일이다. 한쪽에서는 국가 차원에서 해충을 잡으려고 조직적이고 치열한 전쟁을 치르고 있고 한쪽에서는 어떤 작가들이 해충에 공감하는 마음을 이끌어 내려고 작품을 애써 써 대고 있으니 말이다."

〈문학 신문〉에서는 그가 보낸 글을 실어 주지 않았다. 그는 이번에는 작가협회 아동문학위원회에 편지를 보냈다. 《무하 초코투하》를 비난하면서 차루신이 쓴 동화 《새끼 늑대》도 희생양으로 삼았다. 이 책은 아이들이 늑대에게 공감하도록 자극해서 블라디미르 씨한테 분노를 샀다.

물론 나는 이 사람에게도 반대할 권리는 있다고 생각한다. 작가가 작품을 써내면 독자들은 자기 생각대로 판단하고 어디에나 자기 의견을 밝힐 수 있는 권리가 있다. 만약 독자의 의견이 잘못되었다면 작가들은 진실을 옹호하고 비난에 저항하면 된다.

그래서 나도 이 권리를 이용해 변호해 보려 한다. 블라디미르 씨의 의견이 이런 의견 중에서도 특히 전형적이라고 생각한다. 그는 아동 문학 작품을 같은 기준으로 판별하는 무리의 대표격이다.

이 점은 작가협회 아동문학위원회에서도 알고 있었을 것이다. 나는 위원회에서 《새끼 늑대》와 《무하 초코투하》를 비난하는 사람에게 동화가 끼치는 해악이나 유용성을 판단하는 데 실용주의적인 기준을 적용할 수는 없다고 지적해 주었으리라 믿었다. 이런 기준을 따른다면 이 이야기 두 편뿐 아니라 토끼가 등장하는 옛날이야기, 전래동요, 자장가 수십 편도 같이 비난하고 몰아내야 할 것이다. 토끼, 아기 토끼, 사랑스럽고 귀여운 토끼, 예쁘고 조그만 토끼 …… 하면서 먹보인데다가 심심하면 밭을 망쳐 놓는 토끼를 다정하게 보도록 하니 말이다. 태곳적부터 토끼가 옛날이야기에 등장하여 사랑받았다는 것은 보통사람들은 나쁜 교육자들하고는 달랐다는 증거인 셈이다. 사람들은 아이들의 마음속에 먹보 동물을 사랑하는 마음을 거리낌 없이 심어 주었다.

> 내 하얀 아기 토끼,
> 내 회색 아기 토끼,
> 귀여운 토끼야, 춤을 추렴.
> 귀여운 토끼야, 뛰어 보렴!.

블라디미르 씨가 제안한 실용주의적인 기준을 적용한다면 네크라소프가 쓴 《마자이 할아버지와 토끼들》도 아이들이 토끼를 따뜻하게 바라보게 하니 금지해야 할 것이다.

> 토끼들도 ― 우리를 눈물짓게 해!

토끼가 우리를 눈물짓게 하다니, 생각해 보라! 채소밭을 망쳐 놓는 대식가가 우리를 눈물짓게 하다니! 그런데 마자이 할아버지가 굶어 죽을 뻔한 토끼를 살려 내고, 숲 속에서 마음껏 뛰어다니며 ― 끔찍하게도! ― 자유롭게 번식하게 해 주는 것을 보고 아이들은 얼마나 행복해하고 기뻐하는지!

E. A. 플레리나가 말했다. "유치원 선생님이 《마자이 할아버지와

토끼들》의 요약본을 읽어 주는데 이야기가 미처 다 끝나기도 전에 아이들은 감탄해서 이렇게 외쳤다. '정말 좋은 할아버지에요. 정말 착해요. 토끼들을 다 구했잖아요.'" [12]

이게 전부가 아니다. 소련 전래동요는 아이들에게 토끼가 인간에게 진실하고 헌신적인 친구이고, 채소밭을 약탈자에게서 지켜 준다고 생각하게 만든다. 토끼들은 양배추를 뜯어 먹지도 않고 물도 주고 돌보기조차 한다는 것이다.

> 나, 토끼, 회색 토끼는
> 날마다 밭에 나가
> 온갖 도둑들에게서
> 푸른 양배추를 지키지.
> 농부 아저씨를 위해
> 불평 한마디 없이
> 양배추를 심고 물도 주지. [13]

블라디미르 씨의 의견에 따른다면 이 노래도 '인류의 적'을 잘못 생각하게 만들기 때문에 아이들이 보지 못하게 감춰야 할 것이다. 또한 레프 톨스토이가 쓴 《곰 세 마리》도 시골에서 기르는 소를 위협하는 곰에게 공감하게 만드니 유통되지 못하도록 막아야 한다.

회색 늑대가 사람을 도와주는 친구로 나오는 러시아 민담 《고귀한 매 피니스트》는 또 어찌할 것인가? 생쥐가 사람을 도와주는 친구로 나오는 《마법 반지》는 어떻게 할 것인가?

"알겠소. 내가 너무 성급했소."

블라디미르 씨는 한숨을 쉬며 이렇게 말할지 모른다.

"하지만 사람들이나 위대한 시인들조차도 토끼 때문에 해마다 채소와 과일을 수백만 루블씩이나 손해 본다는 것을 잊어버리는 이유가 뭔지 설명해 주시겠소? 왜 약탈자 토끼를 없애는 데 혈안이 되어 있는 농부가 자기 아이들한테는 토끼를 다정하게 그리는 이야기를 들려주는지?"

작가협회 아동문학위원회에서는 이렇게 답해야 할 것이다.

"그건 쉽게 설명해 드릴 수 있습니다. 사람들은 어린아이들이 희고 섬은 토끼, 귀여운 토끼, 사랑스러운 토끼에 얼마나 깊은 사랑을 느끼든 간에 어른이 되면 신나게 토끼 사냥을 하게 되리라는 것을 수천 년 동안 경험해서 알고 있기 때문입니다. 어릴 때 어떤 동화를 읽거나 듣더라도 동화에 나왔다는 이유로 어른이 되어서 토끼 고기를 먹지 않는 사람은 없을 것입니다. 어떤 동물은 유익하고 어떤 동물은 해로운지 아이들에게 알려 주기 위해 아이들을 위한 노래나 이야기를 만들어 내는 것이 아니기 때문입니다. 동요나 동화는 동물의 분류보다 몇 천 배나 더 중요하고, 다른 몫을 합니다."

"무슨 몫을 하는데요?"

블라디미르 씨는 좀 수그러들어 이렇게 물을 것이다. 그러면 아동문학위원회에서는 이렇게 답할 수 있을 것이다.

"아주 중요한 몫을 하죠. 아주 강력하다고도 할 수 있을 것입니다.

그러나 옛날이야기와 좋은 창작동화는 당신이 좋은 읽을거리를 가려내는 데 쓴 잣대와는 아무런 상관 없이 중요한 몫을 한다는 것을 먼저 알아 두셔야 합니다. 예를 들면 아이들이 무척 좋아하는 옛날이야기 《회색 늑대와 이반 왕자》를 보면 알 수 있습니다. 당신 이론과는 반대로 늑대가 착한 동물로 나와 친구 이반에게 황금 갈기를 단 말을 구해 줄 뿐 아니라 불새와 아름다운 엘레나도 만나게 해 줍니다. 그래서 아이들은 이야기가 시작될 때부터 늑대에게 좋은 감정을 갖게 되죠.

또 다른 늑대가 나오는 이야기도 비슷합니다. 레프 톨스토이가 쓴 이야기인데 늑대가 자유를 사랑하고, 용감하며, 자유를 위해 부유하고 안정된 삶을 거부하는 것으로 나옵니다.

미시카(러시아어로 곰이라는 뜻 - 옮긴이)니, 곰돌이니, 곰 아저씨니 하는 이름으로 등장하는 곰들도 수백만이나 되는 아이들이 얼마나 친근하게 생각하는지 말할 필요도 없지요! 아이들이 제일 좋아하는 장난감도 곰 인형이 아닙니까. 나무로 만든 것, 안에 솜이 든 것, 벨벳 천으로 만든 것, 이런 곰 인형을 아이들은 쓰다듬고, 토닥이고, 자장가를 불러 재우고, 포대기로 싸서 안고 다니고, 밥을 먹이고, 다칠세라 보호합니다.

어린아이가 곰 인형을 안고 있는 것을 보고 아이가 커서 어른이 되었을 때 곰이 달려들어도 방아쇠를 당기지 못할까 봐 곰 인형을 빼앗는 사람이 있다면 제정신이 아니거나, 현실 감각이 전혀 없는 사람일 것입니다."

작가협회 아동문학위원회에서는 마땅히 이와 비슷한 반응을 보여야 할 텐데 놀랍게도 위원회는 전혀 다르게 답변했다.

"지당한 문제 제기입니다."

첫마디가 이런 것이었다.

"안타깝게도 취학 전 어린이를 위해 동화를 쓰는 우리 작가들이 아이들의 비위를 맞추기 위해 해로운 동물, 새, 곤충 들에게 영웅적 자질을 부여하는 실수를 저지르고 있는 것이 현실입니다."

이런 관점으로 아동문학에 접근하면 다음 작품들도 실패작으로 봐야 한다. 주콥스키가 쓴 착한 늑대가 등장하는 재미난 동화도 작가가 민담을 따라 늑대를 좋게 묘사하고 있으니 문제이고, 레프 톨스토이가 쓴 곤경에 빠진 곰이 나오는 이야기도 아이들한테 곰에 대한 따스한 애정을 불러일으키니 잘못된 것이고, 푸시킨이 쓴 《살탄 황제》 이야기도 아이들이 모기에 공감하게 만드니 나쁜 작품이다. 우리들 중에 어릴 때 푸시킨이 쓴 유명한 구절을 들으며 신이 나 손뼉 치지 않은 사람이 있을까?

> 살탄 황제는 신기해 고개를 갸웃하고
> 모기는 화가 나서 달려들었다.
> 나쁜 요리사 오른쪽 눈을 겨누고
> 쏜살같이 내리꽂았다.
> 요리사는 창백해지고 겁에 질려
> 정신을 잃고 엉덩방아를 찧었다.
> 신하들, 친척들, 요리사의 아들 키릴이

불쌍한 모기를 잡으려고 달려들었다.

그렇다면 왜 푸시킨, 주콥스키, 톨스토이가 이런 이상한 '잘못'을 저질렀을까 하고 의문이 들 것이다.

아동문학위원회 사람들은 이 질문에 정확히 이렇게 대답했다.

"우리는 삶의 진리에 대한 무관심과 우리나라의 자연에 대한 무지 때문이라고 설명합니다."

아동문학위원회는 간접적으로 푸시킨·주콥스키·톨스토이·그리고 네크라소프까지 위대한 작가들을 모두 자기 나라의 자연에 대해 무지하고 삶의 진리에 무심한 사람들로 만들고, 러시아 민담에는 앞에서 말한 토끼·늑대·쥐·곰 같은 해로운 동물이 등장하지 않는다는 사실과 다른 주장을 폈다.

위원회에서는 무슨 이유로 이렇게 사실과 다른 주장을 했을까? 실제로 이런 결론을 이끌어 내기 위한 것이었다. 내가 쓴 이야기에 기초해 크라세프가 작곡한 라디오용 오페라 〈무하 초코투하〉는 해로운 것이므로 다시는 상연하지 말아야 한다는 결론을 내린 것이다.

다시 말하지만, 블라디미르 씨가 생각하는 방식은 아주 전형적인 것이다. 이런 의견을 굳이 공을 들여 반박한 것은 이들의 세계관 자체가 혼란에 빠져 있기 때문이다.

앞에서도 말했지만 사람들은 천여 년에 걸친 경험으로 아이들이 어릴 때 보는 동화 속의 이미지는 머릿속에 변함없이 남아 있는 게 아니라 성장하고 성숙해 가면서 철저히 재평가된다는 것을 알게 되었다.

 오늘날까지도 많은 사람들이 아이들의 삶을 끊임없는 변화, 발전하고 성장하는 과정으로 보지 못하고 있다. 이 사람들은 아이들은 가방과 같아서 안에 집어넣은 것만 그 안에 들어 있다고 착각하는 셈이다. 늑대나 모기나 파리를 좋아하는 마음을 아이에게 심어 준다면 죽을 때까지 그 마음이 그대로 남아 있을 거라니! 이들은 이 '가방' 안에 좋은 것만 최대한 많이 쑤셔 넣으려 하고, 나중에 자기가 집어넣은 것이 고스란히 다 들어 있지 않다는 것을 알고는 깜짝 놀란다.

 이 사람들은 달걀과 닭이 전혀 다르고, 씨와 나무가 다르듯이 세 살짜리 아이와 아이가 자라서 되는 어른이 다르다는 것을 모르고 있는 것이다. 아이는 어른이 아니라 아이일 뿐이고, 자라면서 많은 부분이 더해지고 또 많은 부분은 사라질 것이므로 눈이 크고 뺨이 빨갛고 간지럼을 잘 타는 아이가 커서 이반 미추린*이 될지 치올콥스키**가 될지, 아니면 이도 저도 못 될지 알 수 없다. 세 살배기 아이는 장난감 부수는 것을 좋아하는 시기를 거치는데, 그렇다고 해서 그가 열다섯 살이 되었을 때 금고 털이 전문범이 되리라는 법은 없다.

 그런데도 많은 교육자와 부모들이 인간의 변증법적 발전 과정을 고려하지 않고 이렇게 생각하는 것이다. 이런 사람들은 두어 달된 배 속의 아기에게 아가미와 꼬리가 있다는 걸 알고 구슬프게 울면서 "우

---

* 이반 미추린(1855-1935)은 소련의 이름난 식물학자, 농학자, 동물학자, 진화론자이다. (영문판 주)
** 콘스탄틴 치올콥스키(1857-1935)는 소련의 공기역학, 로켓 공학, 행성 연구 과학자이다. (영문판 주)

리 아기한테 꼬리가 있는 건 싫어!" 하고 말하는 임산부하고 똑같은 꼴이다. 태어나기 전에 아가미와 꼬리는 사라질 텐데 말이다.

어리석게도 이들은 어린아이에게 들려준 옛날이야기의 교훈과 환상이 평생 남아 아이의 존재 자체를 형성할 것이라고 생각한다. 아동학자들이 위세를 떨칠 때 이렇게 순진한 신념으로 옛날이야기를 억압했다.

그 무렵 로스토프 온 돈이라는 곳에 사는 P라는 사람이 《엄지소년》 이야기를 식인종이 등장한다는 이유로 맹렬하게 비난하는 글을 발표했다. 그는 이 이야기를 읽은 아이들은 자라서 식인종이 될 것이라고 생각한 게 틀림없다.

"왜 사람 살을 먹고 살아요?"

겁에 질린 사람들이 식인종이 된 아이에게 묻겠지.

"어릴 때 누가 《엄지소년》을 읽어 주었기 때문이오."

치칼로프라는 도시에 사는 불가코프라는 사람은 옛날이야기는 스캔들과 변태 행위를 가르치는 학교와 같다는 글을 신문에 실었다. 예를 들어 신데렐라 이야기를 보면 못된 의붓어머니가 누군가를 괴롭히고 싶은 충동에 의붓딸이 먹을 콩 수프에 재를 집어넣는데 그것을 보면 의붓어머니는 틀림없이 사디스트라는 것이다. 그리고 신데렐라가 신은 유리 구두에 홀딱 빠지는 왕자는 여자의 작은 발에 집착하는 페티시스트라는 것이다!

고리키 시에 사는 한 여자는 옛날이야기를 너무 많이 들으면 아이들이 도덕에 무심해진다는 글을 썼다. 집단의 행복이 아니라 개인의 행복만을 추구해 공금을 횡령하거나 장물을 다루는 장물아비가 되게 마련이라고 한다.

　피고석에 서 있는 아이에게 판사는 이렇게 말할 것이다. "어렸을 때 《장화 신은 고양이》를 읽었기 때문에 이렇게 된 것이오!"

　옛날이야기를 비난하고 금지하는 사람들은 옛날이야기에 담긴 내용이 앞으로 이삼십 년 동안 아이들 모습을 결정하고, 아이의 머릿속에 변하지 않은 채로 남아 있을 것이라 믿는 어리석은 사람들의 의견에 동조하는 셈이다. 이런 사람들은 다섯 살짜리 아이에게 요술 양탄자 이야기를 읽어 주면 아이는 서른 살이 되도록 드네프르 공업지대에 대한 이야기는 듣고 싶어 하지 않고, 죽을 때까지 몽상가나 낭만주의자 또는 신비주의자로 살 것이라고 믿는다. 아이들에게 있는 개념, 생각, 반응이 영원히 그대로 굳어 버릴 것이라고 믿는 무지몽매한 사고다.

　그러나 아이들이 좋아하는 대상은 시간이 흐르면서 바뀌게 마련이다. 이야기꾼들이 아이가 좋아하는 대상을 고를 때는 당연히 그 동물이 인간에게 이로운지 해로운지 헤아리겠지만 그 목적은 전혀 다른 데 있다. 목적은 아이들 마음 속에 따뜻함과 자비로움을 길러 주는 것이다. 다른 사람이 불행하면 같이 괴로워하고, 다른 사람이 행복하면 함께 기뻐하고, 다른 사람의 운명을 제 것인 양 느끼는, 인간만이 가진 놀라운 능력을 길러 주려는 것이다. 이야기꾼들은 아이들이 어릴 때부터 상상 속에 사는 인물과 동물의 삶에 관심을 갖고 함께 하는 법을 가르치도록 애써야 할 것이다. 이렇게 해서 아이들은 자기

중심적인 관심사와 감정의 편협한 틀을 벗어날 수 있게 된다.

옛날이야기를 들으면서 이반 왕자건 피터 래빗이건 용감한 거미건 간에 아이들 본성은 착하고 용감하고 부당하게 학대받는 사람들 편에 서기 때문에 우리 작가들은 다른 사람이 불행하면 괴로워하고, 다른 사람이 행복하면 함께 기뻐하는 이 소중한 능력을 일깨우고 길러 주고 강화하는 것을 목표로 해야 한다. 이런 능력이 없다면 사람을 사람이라고 할 수 없을 것이다. 이 능력은 어린 시절부터 타고나며 성숙해 가면서 더 높은 차원으로 올라서는데 이야 말로 미래의 베스투제프,* 피로고프,** 네크라소프, 체호프, 고리키를 탄생시킬 인간의 특질이다.

이 책에서 이야기한 사건은 모두 삼사 년 전에 일어난 일이다. 지금은 작가협회 아동문학위원회도 달라졌다. 그렇다고 해서 퇴행적인 교리로 스스로를 정당화하면서 아이들에게서 이런저런 작품을 빼앗아 가는 국가 복지의 '수호자'들이 완전히 사라졌다는 말은 아니다.

안타깝게도 아직도 이런 교리가 살아 있다. 여전히 거짓 논리로 순진한 사람들을 우롱하고 있는 것이다. 뿐만 아니라 이런 교리로 어린이 책에 이런저런 논란을 제기하는 사람들은 자기네들이 사회적 이익을 열렬히 보호하는 고귀한 임무를 띤 사람이라고 자처한다. 위

---

* 베스투제프(1797-1837)는 러시아의 소설가이자 시인으로 마를린스키라는 필명으로 알려져 있다. (옮긴이 주)
** 피로고프(1810-1881)는 러시아의 외과 의사이다. (옮긴이 주)

선자나 관료주의자들은 이런 일에 매력을 느낄 것이다. 그러니 이런 비평을 뿌리 뽑기는 쉽지 않을 것이며, 쉽고 완전하게 승리하기도 어렵다. 밀고 당기는 지루한 싸움이 계속될 것이다. 이 싸움에서 조금이라도 승리하여 어린이 책의 교육적 가치에 관한 중요한 문제를 완전히 그릇되게 판단하는 비평의 해악을 밝혀 낼 수 있다면 나는 정말 기쁘겠다.

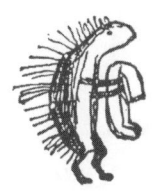

6
처음 시와 동화를 쓰는 작가들에게

동시 작가를 위한 '계명'

옛날이야기와 아이들한테서 배운다

러시아의 한 젊은이에게 놀라운 일이 일어났다. 젊은이는 공부를 하러 모스크바로 올라와서는 뜻하지 않게, 그것도 아주 손쉽게 천재적인 책을 한 권 내놓았다. 이 책은 백 년이 넘는 세월 동안 죽 사랑받았고, 앞으로도 계속 잊혀지지 않고 러시아 문학의 고전으로 남을 것이다.

통통한 뺨에 수염도 아직 기르지 않은 열아홉 살 난 젊은이는 이제 갓 시골 학교를 졸업하고 상경한 참이었다. 1834년 당시에 누군가가 그가 젊은 나이에 엄청난 운명을 맞이하게 될 것이라고 예언해 주었다면 그는 얼마나 놀랐을 것인가!

그리고 누군가가 이 어수룩한 시골 젊은이가 쓴 소박한 원고가 러시아 문학의 고전이 될 것이라고 의견을 내놓았다면 당시의 비평가들은 얼마나 큰소리로 비웃었을까! 그러나 그 원고는 수백만이나 되는 독자의 마음을 울렸고 반대로 비평가들이 위대하다고 추앙한 다른 작가들, 독자 대중이 우상으로 떠받들던 작가들이 쓴 수많은 책은 도서관에서 먼지 속에 파묻혀 잊혀졌다. 젊은이의 이름은 표트르 예르쇼프이고, 그 위대한 책은 《곱사등이 망아지》다.

예르쇼프의 문학적 일대기에는 이상한 점이 두 가지 있다. 첫째는, 아직 어린 나이에 유명한 작품을 내놓고 난 뒤로는 그 걸작에 버금갈 만한 뛰어난 문학성을 지닌 작품을 한 편도 써내지 못했다는 점이다. 그는 오래 살았고 그런 좋은 책을 열 권은 더 써낼 시간이 있었지만, 《곱사등이 망아지》를 쓰느라 자기 재능을 다 써 버린 것 같았다. 절필을 한 것도 아니고 계속 글을 써 나갔고, 그중에는 야심작도 있었지만 거의 다 피상적이고 생기가 없고 독창적이지 않은 작품이었다. 《곱사등이 망아지》를 완성하고 나서 곧 그는 신비로운 민요풍으로 과장된 시를 쓰고, 이어 오페라 대본을 써 나갔다.[1] 나쁜 작품은 아니지만 그가 남긴 유일한 걸작에 비길 만한 작품은 없었다.

두 번째 이상한 점은 첫 번째보다 더 이해가 가지 않는데, 예르쇼프는 러시아의 대여섯, 예닐곱 살 아이들에게 필수품이 된 아동문학의 명작을 내놓고 자기가 어린이를 위해 작품을 썼다고는 결코 생각하지 않았다는 점이다. 예르쇼프뿐 아니라 어느 누구도 그렇게 생각하지 않았다. 《곱사등이 망아지》는 서지 목록에도 성인 문학으로 분류되어 있다. 비평가들은 어른 책을 판단하는 데 쓰는 잣대로 이 작품을 평가했다. 예르쇼프가 이 글을 어린이를 위한 잡지에 발표하려 했다면 《곱사등이 망아지》는 영주의 잔치에 몰래 숨어 들어간 농사꾼이 쫓겨나듯 내던져졌을 것이다.

예르쇼프는 그 걸작에서 쓴 단순한 문체와 농민들이 쓰는 일상어를 평생 동안 다시 쓰지 않고, 당대에 유행한 고답적인 시 양식을 구사하려고 애썼다. 이것으로 예르쇼프의 작품 경력에 대한 첫 번째 의문은 설명이 될 것 같다. 예르쇼프는 러시아의 토속적인 표현을 누구보다도 잘 구사할 수 있으면서도 그것을 경멸하여 《곱사등이 망아지》 이후로는 다시는 창작 활동에 사용하지 않은 것이다.

그래서 그는 재능을 제대로 발휘하지 못하고 결국 작가로서 실패하고 말았다. 자기의 재능에 양분을 공급하는 뿌리인 보통 사람들의 일상어와 전통적 해학 그리고 보통 사람의 삶의 철학과 미학을 잘라내 버린 것이다. 이것으로 그의 슬픈 이야기에서 두 번째 이상한 점도 설명할 수 있을 것 같다.

니콜라스 1세가 재위하는 동안* 《곱사등이 망아지》는 오래도록 검열에 걸려 발매금지되었다. 가끔씩 하층계급 독자를 위한 대중서로 인쇄되어 시장에서 목화 농사 농기구, 꿈 해몽 책자, 성상(聖像), 패스트리 빵 같은 것들과 같이 놓여 팔리기도 했다. 30년이 지난 뒤에

---

* 니콜라스 1세는 1825년에서 1855년까지 황제 자리에 있었다. (영문판 주)

마침내 이 책이 러시아 문학으로 들어오게 되었지만 이때는 아동문학으로 취급되었다. 아이들은 어른들한테서 이 책을 '빼앗았고' 소중한 보물로 영원히 간직했다. 그때서야 어른들은 이 책이 재미있고 건전하며, 아이들의 주린 배를 채워 정신의 발달을 도와주는 좋은 책이라고 깨달았다.

그 무렵 사회 변화가 크게 일어났다. 러시아의 교육은 귀족이 아닌 평민을 중심으로 재편성되었고, 평민들은 당연히 민주적 사고와 예르쇼프가 쓴 '서민적인' 서사시의 대중적인 문체에 매력을 느꼈다.

아이들은 이 책을 자기들 것으로 차지한 다음, 손자와 증손자 그리고 고손자에게까지 대를 이어 물려주었다. 이제는 예르쇼프가 쓴 책 없이는 러시아 아이들의 삶을 상상하기 어려울 정도다.

이 일에서 우리는 소중한 교훈을 얻는다. 《곱사등이 망아지》의 운명을 보면 어린아이들과 평범한 보통 사람들 사이에 비슷한 점이 있다는 것을 알 수 있다. 아이들에게 어울리는 것과 보통 사람에게 걸맞는 것은 결국 같은 것이다.

러시아 문학사에서 이와 비슷한 경우를 드물지 않게 찾아볼 수 있다. 어른을 대상으로 쓴 책이 구어체와 민담적 표현 때문에 아이들이 읽는 책이 된다. 푸시킨이 쓴 글도 예르쇼프가 쓴 책과 비슷한 운명을 겪었다. 푸시킨은 민담을 응용하고 다시 써서 어른들을 위한 작품을 썼다. 이는 엄청난 혹평을 받았고 사람들은 푸시킨의 재능이 바닥에 떨어졌다고들 했다. 비평가들은 분개하며 푸시킨 같은 사람이 창조적인 재능을 이런 '천한' 장르에 써 버릴 수 있느냐고 목청을 높였다. 푸시킨은 《살탄 황제》, 《황금 수탉》, 《황제의 딸》 같은 작품을 쓰면서 아이들을 독자로 마음에 두지는 않았는데 아이들은 이 작품들을 두 팔 벌려 받아들였고, 옛날이야기는 아이들을 위한 이야기이기도 하다는 사실을 보여 주었다.

푸시킨이 쓴 이야기는 전부 농민의 말씨로 써졌고, 농민들의 이야기다.

크릴로프도 처음에는 어른들을 위해 우화를 썼고, 보통 사람의 말투를 완벽하게 되살려 냈다. 그러니 위대한 러시아 민중(당시에 러시아는 거의가 농업지역이었으므로 대부분 농민이다)이 능력 있는 작가들에게 뛰어난 아동문학 작품을 전부 '불러 주어 받아쓰게 했다'고 말할 수 있을 것이다. 러시아 민중은 선과 자비 그리고 진실이 잔인한 거짓을 누르고 영원히 승리한다는 믿음을 이야기하고 전달해 온 것이다. 네크라소프와 톨스토이의 아동문학, 우신스키가 쓴 작품에도 모두 우리 고유의 민담이 가득 들어 있다.

민담에 뿌리를 둔 이 작품들과 나란히 19세기에 또 다른 아동문학이 등장했는데 이 작품들 역시 예르쇼프가 쓴 다른 작품과 같은 운명을 맞았다. 일반 민중의 미학과 유머, 이상과 취향에 동떨어진 보잘것없는 작품들이라 곧 잊혀지고 만 것이다.

'어린아이들을 위한 위대한 문학'을 낳은 질풍노도와 같은 중흥기가 약 30여 년 전에 시작되었고, 민담이 러시아 문화에 깊게 영향을 미쳤다는 사실이 드러났다. 구비문학이 아동문학을 풍부하게 했다는 증거는 얼마든지 찾을 수 있다. 예를 들어 아동문학 비평에 마야콥스키가 쓴 동요에서 '전래동요의 영향이 풍부하게 느껴진다'고 칭찬한 비평이 있고, 《뚱뚱이 페챠와 홀쭉이 시마 이야기》의 시작 부분은 전형적인 전래동요의 숫자 라임*으로 되어 있다는 점을 지적한 비평도 있다.[2]

> 옛날에
> 시마와 페챠가 살았어.
>
> 시마와 페챠는
> 어린아이야.
>
> 페챠는 다섯 살
> 시마는 일곱 살
>
> 합하면
> 열두 살이지.

 S. 마르샤크는 시를 논하면서 신인 작가들이 전래동요에 관심을 가져야 한다고 주장한다. 마르샤크가 러시아 전래동요의 리듬과 양식에 익숙하지 않았다면 영국 전래동요를 그렇게 느낌을 잘 살려 번

---

* 숫자로 각운을 맞춘 노래. 본디 러시아어 노래에서는 다섯(пять)이라는 수 이름과 열둘(двенадцать)이라는 수 이름이 운이 맞아 각운을 이룬다. (옮긴이 주)

역하지 못했을 것이다. 아그냐 바르토도 창작동요와 전래동요 사이의 유기적 관계에 대해 말했다. "뛰어난 동시에는 어떤 공통점이 분명히 있다. 그것은 전래 노래의 표현 방식을 이용한다는 것이다. 좋은 동시에서는 과장, 반복, 두운, 재치 있는 말장난, 수수께끼, 숫자라임 들을 볼 수 있다."[3]

나도 구비문학 전통이 새로운 문학에 활력을 불어넣는다는 것을 경험으로 깨닫게 되었다. 처음 어린아이를 위한 시를 짓기 시작했을 때 한참 동안 적당한 양식을 찾지 못해 고민했다. 여러 번 실패하고 조금 앞으로 나가기를 거듭한 끝에 동시 작가가 되는 길을 찾게 해 줄 유일한 '나침반'은 바로 전래동요라고 확신하게 되었다. (예를 들면 내가 쓴 〈무하 초코투하〉, 〈훔친 태양〉, 〈페도리나의 불행〉 같은 작품은 모두 민담에 뿌리를 둔 것이다.)

그렇다고 해서 독창성 없이 옛날이야기를 흉내 내기만 하면 된다는 말은 아니다. 민담을 그대로 베낀 것은 아무 소용이 없다. 그러나 일반 민중이 수세기에 걸쳐 노래, 이야기, 전설, 시에서 아이들의 정신세계에 다가가는 이상적인 미학과 교훈적인 방식을 발전시켜 왔다는 사실을 놓쳐서는 안 된다. 천 년이 넘게 축적된 경험을 이용하지 않는다면 얼마나 큰 낭비겠는가.

그러나 다시 말하지만, 민중한테서 배워야 할 뿐 아니라 아이들한테서도 배워야 한다. 나도 어린 '독자들'이 필요한 것과 취향이 무엇인지 알아내고 아이들의 마음을 끌기 위한 수단을 찾으려 애쓰지 않았다면 감히 《세면대 Мойдодыр》를 쓸 엄두를 내지 못했을 것이다.

그렇다고 해서 내가 아이들을 즐겁게 하고 비위를 맞추는 데만 신경 썼다는 말은 아니다. 아이들을 가르치고 좋은 영향을 미치고 인성을 바르게 하는 의무를 잊어버릴 수는 없다. 그러려면 아이들의 심리와 사고 과정을 충분히 연구하고 어떤 시 양식이 가장 거기에 알맞는지 고민해 보아야만 할 것이다.

오래전에 나는 어린이를 위한 좋은 글을 판단하는 기준을 찾다가 마침내 몇 가지 규칙을 정하고 그걸 '계명'이라고 했다. 그리고 그 계명에 따라 동시를 썼다. 이 규칙은 어떻게 보면 아이들이 알려 준 것이므로 앞으로도 크게 변하지 않을 것이며, 아동문학을 하는 사람이라면 누구나 중요하게 여겨야 한다고 생각한다. 현재 아동문학에 종사하는 S. 마르샤크, 미할코프, 바르토 같은 동료들은 그때 아직 작품 활동을 시작하지 않았다. 그래서 그들이 쓴 작품으로 내 규칙, 혹은 '계명'을 확인해 볼 수 없었다. 그렇지만 지금은 자신 있게 말할 수 있다. 이 뛰어난 작가들이 쓴 작품을 보면서 약간 수정해야 할 필요는 있겠으나, '두 살에서 다섯 살까지'의 아이들을 위한 시에 관해 내가 내린 결론과 규칙이 전체적으로는 옳다고 확신하게 되었다.

이미지와 움직임

동시 작가를 위한 첫 번째 '계명'은 이 책에서 이미 이야기한 것이다. 동시는 생생해야 한다. 다시 말해, 적어도 삽화가가 각 연마다 그림을 하나씩 그릴 수 있어야 한다. 아이들은 이미지로 생각하기 때문이다. 삽화가가 그림을 떠올릴 수 없는 시행은 아이들에게도 의미 없다. 그러니 아동문학 작가는 그림으로 생각해야 한다(예를 들어 내가 쓴 이야기를 읽어 보면 《바퀴벌레 Тараканище》는 그림이 스물여덟 개 떠오르고, 《세면대》는 그림이 스물세 개 만들어진다).

 시를 책으로 펴낼 때 그림을 넣지 않으면 효과가 떨어진다. 《바퀴벌레》를 책으로 낼 때 편집부에서 일하는 한 직원이 자기 아들에게 그림이 들어 있지 않은 조판 상태에서 《바퀴벌레》를 읽어 주었더니, 아이는 "엄마, 보여 줘!" 하고 소리쳤다. 아이는 그림과 글이 서로 분리할 수 없이 어우러져 전체를 이룬다고 생각한 것이다. 아이들은 사물의 특질보다는 움직임과 동작을 더 빨리 받아들이기 때문에 어린아이들을 위한 시는 몇 행마다 한 번씩 새로운 그림을 그려야 할 정도로 이미지와 움직임, 변화가 많아야 한다. 그렇지 않으면 아무런 효과가 없다고 말할 수 있을 것이다.

 한 페이지에 달하는 시를 썼는데 오직 그림을 한 장면만 떠올리게 한다면 그 페이지는 아무 쓸모 없는 것이다. 따라서 젊은 작가를 위한 두 번째 '계명'은 이미지가 빨리 변해야 한다는 것이다.

 세 번째 규칙은 언어로 이루어진 '그림'은 동시에 '음악적'이어야 한다는 것이다. 시인은 화가이자 동시에 음악가여야 한다. 이야기가 그림으로 표현되어 전개되는 것만으로는 충분하지 않고, 아이가 노래하고 손뼉 칠 수 있어야 한다. 다시 말해 아이가 뛰고 달리고 손뼉 치고 놀면서 즉흥적으로 만들어 낸 아무 뜻 없는 노래에 반응하듯이 반응할 수 있는 노래여야 한다. 노래로 부를 수도 손뼉 칠 수도 없고,

즉흥적인 노래와 같은 특징과 박자를 갖추지 못한 노래는 아이들 마음을 끌 수가 없다. 그러니 당연히 노래하고 손뼉 치며 부를 수 있는 온 세계의 전래동요가 수세기 동안 명맥을 잇고 전해진 것이다.

  이 '계명'은 다른 것보다 지키기가 힘들다. 화가이면서 동시에 음악가이기는 쉽지 않은 것이다. 두 가지 재능은 양립할 수 없는, 서로 반대되는 범주에 속하는 것 같다. 시에서 그림처럼 제시되는 모든 사건이 동시에 리듬이 있는 노래처럼 느껴져 신이 나서 발을 구르게끔 할 수 있는가? 나는 처음 어린아이들을 위한 시를 쓰기 시작했을 때 이 문제에 부딪혔다. 그렇지만 이 문제는 아주 근본적인 것으로 이것을 해결하지 않으면 동시도 쓸 수 없다는 확신이 들었다. 독특하고, 서정적이면서도 서사적인 양식, 낭독하고 암송하기에 적당하면서도 전형적인 낭독투에 얽매이지 않는 양식을 찾아야만 했다. 서사시나 운문으로 된 이야기가 아이에게 호소력이 있으려면 음악적인 시연(詩聯)이 계속 이어져야 한다. 각 연마다 독특한 리듬과 정서적 색채가 있어야 한다는 것이다. 나는 《악어 Крокодил(1916)》에 적당한 양식을 만들어 내기 위해 행마다 담긴 감정의 변화에 따라 구조도 바꾸었다. 장단격에서 장단단격으로, 2행연구*에서 6행짜리 연으로 바꾸었다. 리듬의 변화와 움직임이 네 번째 '계명'이다.

---

* 각운이 있는 2행이 짝을 이루며 2행 안에서 구문이나 생각이 완결되는 시 구조를 말한다. (옮긴이 주)

이 그림은 추콥스키가 쓴 이야기시 《세면대 Мойдодыр》에 나오는 그림이다. 'Мойдодыр'라는 단어는 아이들에게 청결을 가르쳐 주는 살아 움직이는 세면대 이름으로 작가가 만들어 낸 단어다.

음악

동시 작가를 위한 다섯 번째 '계명'은 시의 소리가 듣기 좋아야 한다는 것이다. 아이들이 즐겨 부르는 노래는 모두 소리의 흐름과 변화가 있는 음악적인 것이다. 아이들은 즉흥적으로 만들어 낸 것이건 아니건 간에 노래나 시에 자음 뭉치가 나오는 걸 받아들이지 못한다.* 어른들은 아이를 위해 시를 쓴다면서 이런 실수를 자주 한다. 그러나 아이들이 만들어 낸 노래에서는 소리 내기 힘든 글자가 조합된 것은 절대로 찾아볼 수 없다. 어른이 써서 발표한 것 가운데 이런 동시가 있다.

  브드러크 브즈그루스트눌로시…….
  (갑자기 슬픔이 찾아왔다……)

아이의 발음기관은 '브드러크 브즈그루……'와 같이 거칠고 힘든 소리를 감당할 수가 없다. 이 시는 레닌그라드에 사는 어떤 작가가 쓴 것이고, 모스크바에 사는 시인이 쓴 바보 같은 시도 그만큼 읽기 힘들다.

---

* 언어에 따라 자음 연속(영어의 split, halves 따위)이 심한 언어가 있고 그렇지 않은 언어가 있다. 러시아어는 단어의 첫소리와 끝소리에 자음 연속이 최대 네 개까지 나와 복잡한 편이다. 우리말은 음절 첫소리와 끝소리에 자음이 한 개 이상 올 수 없지만, 이어진 음절 사이에서 앞 음절의 끝소리와 뒤 음절의 첫소리가 부딪치면 거센소리가 날 수 있어(국자, 삽바, 밥솥……) 받침이 있는 음절이 많을수록 소리 내기 힘들다. (옮긴이 주)

아흐, 포차시체 브 스 쇼콜라돔······.
(아, 초콜릿을 좀 더 자주······)

혀가 꼬이게 만드는 괴상한 문구를 동시라고 쓰는 사람은 분명 아이를 싫어하는 사람이다. 이런 괴상한 소리로 아이들의 목구멍을 괴롭히는 사람은 먼저 아이들을 보고 배워야 한다. 어른이 쓴 '아흐, 포차시체 브 스 쇼콜라돔······'이라는 시행과 세 살짜리 아이가 쓴 '폴로비나 우티우가······'라는 시행을 읽어 보고 어느 것이 얼마나 더 나은지 견주어 보라. '폴로비나 우티우가······'에는 자음이 일곱 개밖에 쓰이지 않았지만 초콜릿에 대한 시행에는 열두 개나 나온다.

비챠 람모가 두 살도 채 되지 않았을 때 혼자 춤추면서 부른 이 소박한 '노래'의 음률을 한번 느껴 보라.

코시 미니에, 코시 코이,
리에바 쿠시, 리에바 코이.

코시 바바, 코시 코이,
쿠시 파키, 쿠시 모이.

이오카 쿠쿠, 슈브카 코이,
리에바 쿠샤, 슈브카 코이.

이 노래는 아무 뜻도 없다. 비챠는 말을 상당히 잘하고 어떤 음운

조합이든 다 발음할 수 있었지만 노래를 만들어 부를 때는 자음 연속을 최소한 사용했다. '슈브카'라는 단어만 빼고 나머지 단어는 모두 자음 사이에 꼭 모음이 들어가게 '만든' 단어다.

두 살배기 알레나가 자음 연속을 피하기 위해 사용한 방법은 더욱 놀랍다. 알레나의 어머니는 알레나가 자음이 연속으로 나오는 단어를 말할 때는 꼭 그 사이에 모음을 넣어 말했다고 들려주었다. 그래서 프티치카(작은 새)는 파티치카가 되었고, 크토(누구)는 키토, 그데(어디)는 기데가 되었다.

그래서 나는 동시를 쓸 때 어린아이들의 이런 취향을 최대한 존중하려고 노력한다.

각운 – 시의 양식

여섯 번째 법칙은 앞에서 이미 이야기했다. 각운을 자주 넣어야 한다는 것이다. 서너 단어마다 한 번씩은 나오는 것이 좋다. 각운이 이어지지 않으면 어린아이는 시를 잘 파악하지 못한다.*

일곱 번째 법칙은 각운이 들어 있는 단어는 그 구절에서 핵심이 되는 단어여야 한다는 것이다. 다시 말해 의미를 담고 있는 단어여야 한다. 각운이 있는 단어에 주의가 집중되게 마련이므로 이 단어를 이용해 의미를 전달해야 한다. 나는 이것 또한 무척 중요한 규칙이라고

---

* 앞에서도 말했지만 우리말에서는 운율을 형성하는 데 각운이 대표적인 방법이라고 말하기 힘들다. 따라서 여섯 번째와 일곱 번째 법칙은 우리말 동요에는 꼭 맞는다고 볼 수 없을 듯하다. (옮긴이 주)

생각해서 될 수 있으면 꼭 지키려고 노력한다. 나는 내 시나 다른 작가가 쓴 시로 실험을 해 보기도 하는데, 행마다 끝 단어를 제외한 나머지를 가리고 각운이 있는 마지막 단어만 보면서 전체 내용이 무엇일지 추측해 보는 실험이다. 추측이 잘 되지 않는다면 아이들한테도 별 느낌이 없는 시일 테니 고쳐 써야 한다.

여덟 번째 규칙은 행마다 어구가 완전해서 독립하여 살아 있어야 한다는 것이다. 아이의 사고는 시와 같은 리듬으로 진동하기 때문이다. 각 행이 독립된 '문장'이어야 하고 따라서 행의 수와 문장의 수가 같아야 한다.

좀 큰 아이들은 한 문장을 두 행으로 표현하기도 한다. 예를 들면 이렇다.

> 추코샤와 같이 둘씩 짝을 지어서
> 새 눈 신을 사러 간다.
>
> 눈 신, 눈 신을 살 거야
> 우리 것과 추코샤 것…….

(아이들은 추콥스키를 '추코샤'라고 친근하게 애칭으로 불렀다.)
어린아이들을 위한 장시(長時)는 2행연구로 된 것이 많다. 푸시킨이 쓴 《살탄 황제》나 예르쇼프가 쓴 《곱사등이 망아지》는 2행연구가 계속 이어진 형태다. 푸시킨이 쓴 《살탄 황제》의 한 구절이다.

별은 어둡고 파란 하늘에서 빛나고,
파도는 어둡고 파란 바다를 달린다.

하늘에서는 구름이 움직이고,
바다에서는 통이 흔들린다.

통에 갇힌 여왕은 몸부림친다.
세상에서 가장 불행한, 남편 잃은 여인이여.

"아, 파도야, 파도야,
발랄하고 자유로운 파도야!

마음대로 물을 튀기고,
바닷가 바위를 깎아 내리지.

바닷가 땅을 집어삼키고,
바다 위에 뜬 배를 들어올리지.

내 목숨을 살려 다오, 파도야.
어서 달려 나를 육지로 데려가 줘!"

두 행마다 잠깐 쉬게 되어 있어 2행연구가 각각 독립적인 존재다. 아이들이 만든 시에서는 시행 중간에 멈추는 것, 즉 음악적 흐름이 끊기는 일이 있을 수 없다. 나는 아이들이 만든 시에서 행이 마무리되지 않고 다음 행으로 넘어가는 경우는 단 한 편밖에 보지 못했다.

문장이 2행연구를 넘어 더 길게 이어진 경우다.

> 작은 참새가 깡충깡충 뛴다.
> 참새는 뛰어가면서
> 내가 창틀에 뿌려 놓은
> 빵 부스러기를 쪼아 먹었지.

이 시는 네 살 반 된 바냐라는 아이가 지은 것이다.

아이들은 형용사를 싫어한다

아이들은 사물의 특징이 아니라 움직임을 더 잘 본다는 이야기를 앞에서 했다. 여기에서 아홉 번째 '계명'을 이끌어 낼 수 있다. 시에 형용사를 너무 많이 넣지 말라. 어린아이들한테는 관형구가 풍부한 시가 맞지 않다. 취학 전 아이들이 만든 시에서는 형용사를 찾아보기 어렵다. 관형구는 그 사물을 오랫동안 겪고 관찰한 사람이 만들 수 있는 표현이기 때문이다. 경험하고 탐구해서 나온 표현이기 때문에 어린 나이에는 어울리지 않는다.

동시 작가들은 종종 이 사실을 가볍게 여기고 시에 엄청나게 많은 형용사를 집어넣곤 한다. 아이들한테는 지루하게 느껴질 뿐이다. 아이들은 움직임과, 사건이 빨리 진행되는 것을 좋아한다. 그러니 형용사는 자제하고 대신 동사를 많이 쓰자! 시에 쓰인 동사와 형용사의 비율을 어떤 시가 '두 살에서 다섯 살까지' 아이들을 위한 시로 적당한

지 아닌지 판단하는 객관적 기준으로 삼을 수 있다고 생각한다.

스턴*도 아이들 어휘가 발달할 때 처음에는 명사가 중심이 되다가, 동사가 하나씩 더해지고, 마지막으로 형용사를 깨치게 된다고 말했다. 그는 한 어린 여자아이가 쓰는 언어를 관찰하여 이런 결론을 얻었다. 아이가 15개월 되었을 때 사용하는 어휘는 모두 명사였다. 다섯 달 뒤에는 78퍼센트가 명사고 나머지 22퍼센트는 동사였다. 다시 석 달 뒤에는 명사가 63퍼센트로 줄었고 동사가 23퍼센트, 형용사를 비롯한 그 밖의 품사가 14퍼센트였다. 이 비율은 일반적인 문법 교육 방식과는 잘 맞지 않지만, 아이들의 언어 발달 경향을 정확하게 반영하고 있는 것이다.

조금이라도 형용사를 좋아하는 성향을 보이는 아이는 책을 좋아하고 생각을 많이 하는 아이다. 활동을 많이 하는 아이는 거의 동사를 중심으로 말한다. 그래서 《세면대》를 쓸 때도 나는 시행을 동사로 가득 채우고 형용사는 철저하게 거부했다. 그리고 모든 사물이 최고조로 움직이게 했다.

누비이불이
도망갔다!

시트가 날아갔다!

---

* 윌리엄 스턴(1851-1938)은 독일의 심리학자이자 철학자로, 어린아이의 언어와 심리 발달에 관심을 많이 쏟았다. (영문판 주)

베개가
개구리처럼

깡충 뛰어
거리로 달려갔다!

물론 이 장에서 한 이야기는 전부 취학 전 아이들에 관한 것이다. 아이들이 커 가면서 형용사를 점점 많이 쓰게 되고 그에 따라 감수성과 표현도 풍부해져 정신세계가 성숙해진다.

열 번째 '계명'은 아이들을 위해 쓰는 시에서는 주된 리듬이 장단격(긴 음절 다음에 짧은 음절이 오거나, 강세가 있는 음절 다음에 강세가 없는 음절이 오는 율격)이어야 한다는 것이다. 이것은 3장에서 이미 자세히 이야기했다.

놀이와 게임을 위한 시

동시 작가가 명심해야 할 열한 번째 '계명'은 동시는 놀이하고 게임하기에 좋아야 한다는 것이다. 실제로 어린아이들은 대부분 놀이로 활동하기 때문이다. 전래동요도 보통 놀이나 게임이 될 수 있다. 〈전화〉라는 시를 쓰면서 나는 아이들이 특히 좋아하는 전화 놀이에 쓸 수 있는 재료를 만들려고 노력했다. 그러니 아이들과 잘 놀지 못하는 사람은 동시 작가가 되려는 꿈도 꾸지 말아야 할 것이다.

아이들은 물건만 가지고 놀지 않는다. 소리와 단어를 가지고도 논다. 소리와 단어를 이용한 놀이는 온 세계 전래동요에서 수없이 찾아볼 수 있다. 아이는 많이 자란 뒤에도 이따금 말장난을 즐기는데, 언어가 의사소통이라는 사무적인 구실만 한다는 사실에 바로 적응하기는 어렵기 때문이다. 초등학교에 들어가서도 아이들끼리 끝말잇기 같은 놀이를 하고 놀았던 것이 기억날 것이다.

취학 전 아이들은 말놀이의 필요를 훨씬 더 강하게 느끼고 말놀이를 즐긴다. 아이들이 단어를 재미로 변형하고 가지고 노는 것은 그 단어를 정확하게 쓰는 법을 알고 있다는 것이다. 아이들에게 '토깽이와 호랭이'를 읽어 주고 아이들이 웃는 걸 한번 보라.

      옛날에 이름이 토깽이인 토끼가 살았어요.
      어느 날 이름이 호랭이인 호랑이를 만났어요.

마지막 '계명'

지금까지 살펴본 대로 아이들을 위한 시는 어른들이 읽는 시와 다르게 특별한 방식으로 써야 하며, 특별한 기준에 따라 평가해야 한다는 것을 알 수 있다. 그렇다고 해서 동시 작가는 어른들이 보는 시에 필요한 기준을 무시해도 된다는 말은 아니다. 동시는 앞에서 말한 특별한 사항을 충족시키면서 어른들이 읽는 시에 필요한 솜씨, 기량, 기법 따위도 갖추어 써야 한다. 미학적으로 형편없는 시는 아이들에게도 좋은 시가 될 수 없다. 이것이 열두 번째 계명이다.
  마지막으로 열세 번째 계명이 있다. 동시 작가는 아이들이 바라는 대로 글을 써야 할 뿐 아니라, 작품으로 아이들의 지각과 사고를 어른의 수준으로 끌어올리는 일도 해야 한다. 물론 아이가 준비될 때를 기다려 천천히, 조심스럽게 다가가야 한다. 아이의 지각과 사고의 범위를 넓히지 못한다면 스스로를 교육자로 부르지 않아야 할 것이다. 또한, 좀 더 큰 아이들을 위한 작품을 쓸 때는 신중하게 앞에서 말한 '계명'을 단계적으로 버리면 자라나는 아이들에게 위대한 문학 작품을 읽고 이해하고 감상하는 능력과 애정을 길러 줄 수 있을 것이다. 시문학 교육은 이렇게 오랜 시간에 걸쳐 이루어져야 하는데 무엇 때문인지 아직 이 분야에 관심이 부족하다. 취학 전 어린이 중에서 좀 큰 아이들을 대상으로 한 시 교육은 동시도 뛰어난 문학성을 지녀야 한다는 열두 번째 계명을 제외한 나머지 계명을 점차로 배제해 가면서, 한 단계 높은 양식적 기준을 채택하는 방향으로 이루어져야 한다. 열두 번째 계명은 어떤 상황에서나 반드시 지켜야 하는 규칙이다.
  안타깝게도 교육자, 책 평론가, 비평가들은 아직도 동시를 내용만으로 판별한다. 내용이 아무리 좋아도 성의 없이 질 낮은 방식으로 표현하면 빛을 내지 못할 것이다. 내용을 효과 있게 표현하기 위해서는 동시에 알맞은 양식을 연구해야 한다.
  이 장에서는 '계명'이라는 이름으로 동시의 규칙을 이야기했는데 거창하게 보이지만 사실 융통성 있게 생각해야 할 규칙들이다. 이

'계명'은 사실 아이들의 마음에 다가가기 위해 애쓰는 새내기 동시 작가가 아이들과 효과 있게 의사소통할 수 있도록 만들어 낸 소박한 지침에 지나지 않는다.

바퀴벌레

코르네이 추콥스키의 시 | 이항재 옮김

코르네이 추콥스키는 '동시는 어떻게 써야 하는가' 하는 이론을 신중하게 펴고 이 책의 마지막 장에서 설득력 있게 제시했다. 이 이론은 추콥스키가 동물에 대해 쓴 시 가운데서 가장 잘 알려진 《바퀴벌레 Тараканище》에서 완벽하게 구현되었다. 이 시는 1924년에 발표되었으며, 그가 쓴 다른 이야기시와 마찬가지로 이미지, 움직임, 리듬, 라임으로 가득 차 있고 아이에게 생각할 거리를 던져 준다.

1.

곰들이 가네
자전거를 타고.

곰 뒤에 고양이가
등지고 앉아 거꾸로 가네.

고양이 뒤에 모기들이
풍선을 타고.

모기 뒤에 가재들이
절름발이 개를 타고.

늑대들이 암말을 타고.
사자들이 자동차를 타고.

작은 토끼들이

전차를 타고.

두꺼비가 빗자루를 타고…….

모두들 웃으면서 달리고 있네.
모두들 꿀 과자를 먹고 있네.

앗! 대문 밑 틈바귀에서
무시무시한 거인이 나타났네.
붉은 수염의 바-퀴-벌-레!
바퀴벌레, 바퀴벌레, 거대한 바퀴벌레!

바퀴벌레가 으르렁거리며
수염을 흔들어 대네.
"모두 꼼짝 마라.
네 놈들을 한입에 삼켜 버리겠어!
한 놈도 빼놓지 않고 다 삼켜 버리겠어."

짐승들이 부들부들 떨다

기절해 버리네.

늑대들은 겁에 질려
서로를 먹어 치우네.

가엾은 악어는
두꺼비를 삼켜 버리네.

코끼리는 온몸을 떨면서,
고슴도치 위에 주저앉네.

싸움꾼 가재들만이
싸움을 두려워하지 않네.
뒷걸음치면서도
수염을 까딱거리며,
수염 난 거인에게 소리치네.

"큰소리치지 마,
으르렁대지 마.

우리도 수염 있어.
우리도 수염 움직일 수 있다고!"
가재들은 소리치며
한 걸음 더 뒤로 물러서네.

히미가
악어와 고래에게 말하네.

"저 악당을 두려워하지 않고,
저 괴물과 싸우는 용사에게
개구리 두 마리와 솔방울을 주겠다!"

"우리는 저 악당이,
저 거인이 두렵지 않아.
이빨로,
발톱으로,
발굽으로 물리치겠어!"

동물들은 요란스레 떼를 지어

달려드네.

하지만 수염 난 바퀴벌레를 보자마자
엄마야, 엄마야, 엄마야!
동물들은 걸음아 날 살려라 달아나네.
엄마야, 엄마야, 엄마야!

바퀴벌레 수염을 겁내며,
들판으로, 숲으로 달아나네.

하마가 외치네.
"이게 무슨 망신이야, 이게 무슨 창피야!
어이, 황소와 코뿔소, 굴에서 나와
뿔로 저놈을 받아 버려!"

황소와 코뿔소가 굴에서 대답하네.
"우리도 뿔로 받아 버리고 싶어.
하지만 우리 가죽은 비싼 가죽이야.
우리 뿔은 비싼 뿔이야."

모두들 덤불 밑에 숨어서 떨고 있네.
부들부들 떨고 있네.

악어들은 쐐기풀 속에 숨었고,
코끼리들은 도랑 속에 숨었네.

이빨 부딪치는 소리만 들리고,
귀 떨리는 모습만 보이네.

약삭빠른 원숭이들
바나나를 움켜쥐고,
꽁지 빠지게 달아나네.

상어도
꼬리를 한 번 흔들고는
슬며시 사라지네.

상어를 따라서 오징어도
슬금슬금 뒷걸음치며,

슬며시 몸을 피하네.

2.

바퀴벌레가 이겼네.
바퀴벌레가 숲과 들판의 왕이 되었네.
동물들은 바퀴벌레에게 무릎 꿇었네.
바퀴벌레가 사라지기를 바라면서!
바퀴벌레는 동물들 사이를 천천히 거닐다
금빛 배때기를 문지르며 말하네.
"동물들아, 네 새끼들을 가져와라,
오늘 저녁은 네 새끼들을 먹겠노라!"

불쌍하고 가엾은 동물들이
발을 구르고, 땅을 치며 꺼이꺼이 우네!
굴속에서, 동굴 속에서

거대한 밥버러지를 저주하네.

세상에 그 어떤 어미가
소중한 새끼를 내주고 싶겠는가!
새끼 곰을, 새끼 늑대를, 새끼 코끼리를.
저 욕심쟁이 얼간이가
불쌍한 새끼를 들볶아 죽이도록 내주고 싶겠는가!

동물들이 울부짖고 괴로워하며,
새끼들과 영영 헤어지네.

어느 날 아침, 캥거루가
껑충껑충 뛰어왔네.
캥거루가 수염 난 바퀴벌레를 보고
흥분해서 소리치네.

"하하하, 이게 거인이야?
하하하, 이건 그냥 바퀴벌레야!
조그만 바퀴벌레라고.

다리도 가늘고 보잘 것 없는 작은 벌레.
너희들은 부끄럽지도 않니?
분하지도 않니?
너희들은 이빨이 날카롭고,
송곳니가 뾰족한데,
이 꼬맹이에게 절을 하고,
이 보잘 것 없는 벌레에게
무릎 꿇었어!"

하마들이 깜짝 놀라 속삭이네.
"도대체 넌 누구야, 누구냐고! 저리 가!
우리를 속이는 건지도 몰라!"

그때 갑자기 풀숲에서,
푸르른 작은 숲에서,
저 먼 들판에서,
참새 한 마리 날아왔네.
팔짝팔짝 뛰며,
짹짹, 짹, 짹, 짹!

참새가 바퀴벌레를 콕 쪼아 버리자,
거인이 사라졌네.
거인이 잘못했으니 어쩔 수가 없네.
수염도 사라졌네.

동물 식구들은 모두
기뻐하고 기뻐하네.
용감한 참새를
우러러보고, 우러러보네!

노새들이 악보를 보며 참새를 위해 노래하고,
염소들이 턱수염으로 길을 쓸고,
양들이, 양들이 북을 치네!
작은 부엉이와 비둘기가
나팔을 부네!
까마귀들이 소방서 망루에서
까악까악 소리 지르네!

지붕 위에서

박쥐들이
손수건을 흔들며
춤을 추네.

멋쟁이 코끼리가
신나게 춤을 추자
붉은 달이 하늘에서
떨더니 떨어졌네.
가엾은 수코끼리 위로
굴러 떨어졌네.

걱정거리 하나
늪에 빠진 달을 꺼내
하늘에 박아야 하네!
못으로 박아야 하네!

러시아에서 출간된 《바퀴벌레》는 모두 마지막 장면에 이 그림이 실려 있다.

| 참고 문헌 |

1장 아이들은 모두 언어의 천재이다

1) 레프 N. 톨스토이, 《전집》(Jubilee ed.; Moscow, 1936), VIII, p. 70.
2) A. N. 그보스데프, 《어린아이의 러시아어 문법 구조 습득》(Moscow, 1949), 1부, pp. 231-252.
3) A. P. 세메노바의 〈어린아이의 알레고리, 은유, 직유 이해에 관한 심리적 분석〉, Uchionye zapiski Leningradskovo pedagogicheskovo instituta imeni A. I. Gerzena, XXXV (1941), p. 180.
4) 레프 N. 톨스토이, 《문학 전집》, Izd. Pravda (Ogonek) (1948), p. 247.
5) 예를 들면 L. A. 페니예브스카야의 〈이야기하면서 아이가 논리를 갖춰 말하도록 가르치기〉, Izvestiia Akademii pedagogicheskikh nauk, no. 16 (1948), T. E. 티호미로바, 〈어린아이의 정확한 문법 사용 교육〉, Doshkol'noe vospitanie, no. 1 (1953), A. S. 무라비예바, 〈취학 전 어린이에게 정확히 말하는 법 가르치기〉, Doshkol'noe vospitanie, no. 4 (1953), E. V. 아리스토텔레바, 〈모국어 교육〉, Doshkol'noe vospitanie, no. 8 (1953) 등 참조.

2장 아이들은 언어에 대한 지칠 줄 모르는 탐구자이다

1) A. V. 자포로셰츠, 〈취학 전 어린이의 논리적 사고 발달〉, Voprosy psikhologii rebionka (Moscow-Leningrad, 1948), p. 82.에서 찾은 예이다.
2) E. I. 잘킨드, 〈아이의 질문에 대답하는 법〉, Vospitanie rebionka v sem'e (Mowcow, 1950), p. 230.

3) 같은 글, pp. 225-226.
4) A. S. 마카렌코, 《성교육》, 《작품집》 중 (Moscow, 1951), IV, 410-412. 마카렌코의 확고한 신념 중 하나이며 그는 나와 토론하면서 이 문제를 자주 거론했다.
5) A. V. 자포로세츠, 〈취학 전 어린이가 동화에 반응하는 심리〉, Doshkol'noe vospitanie, no. 9 (1948), p. 40.

3장 아이들과 동시

1) V. G. 벨린스키, 《전집》 (Moscow: Izd. Akademii Nauk S.S.S.R., 1954), IV, 88.
2) E. I. 스탄친스카야, 《어머니의 일기. 출생에서 일곱 살까지 아이의 발달 과정》 (Moscow, 1924), p. 100.
3) N. 시체드린, ed., 《M. E. 살티코프 전집》 (Moscow, 1941), I, 82-83.
4) N. 우스펜스키, 〈시골 신문〉, 《작품집》 (Moscow, 1933), I. 271.
5) D. V. 그리고로비치, 《피곤한 사람들》, 《전집》 중 (St. Petersburg, 1896), VIII, 32.

4장 무의미시의 의미

1) pereviortyshi(topsy-turvies, 뒤죽박죽)이라는 단어에는 이 장에서 사용한 문학적 용어의 의미는 본디 없었지만, 여기에서는 특정한 시기의 아이들이 부르는 노래를 가리키는 말로 사용한다.
2) 게오르기 비노그라도프, 《어린이 민담》(1925); O. 카피차, 《어린이 민담》 (1928); A. P. 바부시키나, 《러시아 아동문학 역사》 (Moscow, 1948), p. 18, 등.
3) A. V. 자포로세츠, 〈취학 전 어린이가 동화에 반응하는 심리〉, Doshkol'noe vospitanie, no. 9 (1948), p. 36.
4) 플로렌스 V. 배리, 《아동문학 1세기》 (London: Methuen, 1922), p. 4.

5) 블랜치 E. 웍스, 《문학과 어린이》(New York, 1935), p. 78.
6) 《케임브리지 영문학사》, XI, 369-371.
7) 《존 로크 작품집》(London, 1824), VIII, 147.
8) 〈마더 구즈 동요〉, 《이야기와 노래》(London and New York: Frederick Warne & Company).

5장 동화를 위한 싸움

1) V. I. 레닌, 《정치적 보고문 요약》, 러시아공산당중앙위원회 11차 회의, 1922년 3월 28일, 《저술집》, XXXIII, 284.
2) 《키예프 정치학회 보고문》(1903)에 실린 V. L. 키르피치 교수의 글 참조.
3) A. S. 마카렌코의 옛 기록. E. 발라바노비치의 《A. S. 마카렌코》(Moscow, 1951), p. 112에서 인용.
4) 《새로운 학교를 향하여》, no. 1 (1924)
5) E. I. 스탄친스카야, 《어머니의 일기. 출생에서 일곱 살까지 아이의 발달 과정》 (Moscow, 1924), p. 52.
6) 같은 책, p. 66.
7) 같은 책, p. 92.
8) 같은 책, p. 48.
9) N. I. 가브릴로바, M. P. 스타호르스카야, eds., 《어머니의 일기》(Moscow, 1916), p. 52.
10) 존 틴데일, 〈공상이 과학 발전에 미치는 영향〉, 〈공상이 기술자에게 미치는 영향〉에서 재인용, 《키예프 정치학회 보고문》(1903).
11) K. 마르크스, 《정치경제학 비판》(Gospolitizdat, 1949), p. 225.
12) E. A. 플레리나, 《취학 전 어린이의 문학 언어 연구》의 서문 (Moscow, 1952), p. 8.
13) 《P. V. 셰인 편 러시아 전래동요》(Moscow, 1870), p. 48.

6장 처음 시와 동화를 쓰는 작가들에게

1) V. 유트코프, 〈P. P. 예르쇼프〉,《곱사등이 망아지 외 예르쇼프의 시》의 서문,《시인의 서재》중 (Leningrad, 1951).

2) M. 키타이니크, 〈민담과 아동문학〉, Detskaia literatura, no. 5 (1940), pp. 12-15.

3) A. 바르토, 〈동시에 관하여〉, Literaturnaia Gazeta, no. 2 (1952).

옮긴이 | 홍한별

연세대학교 영문과와 대학원을 졸업하고 단행본 번역 일을 한다. 옮긴 책으로 《권력과 테러》 《자라지 않는 아이》 《식스 펜스 하우스》 《오카방고의 숲속학교》 《나는 그림으로 생각한다》 《나무소녀》 《피터 이야기》 《스피릿베어》 《자유 방목 아이들 등이 있다.

두 살에서 다섯 살까지

1판 1쇄 | 2006년 4월 21일 1판 7쇄 | 2019년 11월 13일

지은이 | 코르네이 추콥스키   옮긴이 | 홍한별
펴낸이 | 조재은   편집부 | 박선주 김명옥 육수정
영업관리부 | 조희정 정영주

펴낸곳 | (주)양철북출판사
등록 | 2001년 11월 21일 제25100-2002-380호
주소 | 서울시 마포구 양화로8길 17-9
전화 | 02-335-6407   팩스 | 0505-335-6408
전자우편 | tindrum@tindrum.co.kr
ISBN | 978-89-90220-53-X 03890   값 | 11,000원

잘못된 책은 바꾸어 드립니다.